한 권으로 읽는 역사 인물 이야기 23편

세계를 바꾼 위인

한 권으로 읽는 역사 인물 이야기 23편

세계를 바꾼 위인

이미애 엮음

Mirae N 아이세움

차례

곤충의 아버지 **파브르** ········ 6

등불을 든 천사 **나이팅게일** ········ 16

세계 지도를 바꾼 **콜럼버스** ········ 24

발명왕 **에디슨** ········ 32

인도의 독립을 이끈 **간디** ········ 40

근대 과학의 아버지 **갈릴레이** ········ 50

자연을 담은 건축가 **가우디** ········ 58

아프리카의 성자 **슈바이처** ········ 66

우주의 비밀을 밝힌 **뉴턴** ········ 76

음악의 성인 **베토벤** ········ 82

가난한 이들의 어머니 **테레사** ········ 90

노벨상을 만든 발명가 **노벨** ········ 98

비행기를 발명한 **라이트 형제** ······ 106

노예를 해방한 **링컨** ············ 114

라듐을 발견한 **마리 퀴리** ········ 122

모나리자를 그린 **레오나르도 다빈치** · 130

참된 교육을 실천한 **페스탈로치** ···· 138

장애를 이겨 낸 **헬렌 켈러** ······· 146

흑인의 지도자 **마틴 루서 킹** ····· 156

침팬지의 친구 **제인 구달** ······· 166

천재 물리학자 **아인슈타인** ······ 176

최초의 흑인 대통령 **넬슨 만델라** ··· 184

컴퓨터 황제 **빌 게이츠** ········· 192

부록 | 위인들의 생애와 업적 ······ 200

곤충의 아버지 파브르

찌르르~, 찌르르~.
풀밭에서 신기한 소리가 났어요.
"와, 풀잎이 소리를 내고 있네."
파브르는 조심스레 풀잎을 집어 보았어요.
그런데 풀잎이 방아를 찧듯 휘청휘청 흔들렸어요.

자세히 보니 풀잎 색을 띤 곤충이었지요.
파브르는 신이 나서 집으로 뛰어갔어요.
"할머니, 제가 잡은 곤충 좀 보세요."
"어디 보자! 그건 풀무치란다."
할머니가 웃으면서 말했어요.
"할머니, 풀무치는 어떻게 소리를 내요?"
"글쎄다? 입으로 소리를 내는 거겠지."
"그런가?"
파브르는 고개를 갸웃거렸어요.
'이상하다. 입에서 소리를 내는 것 같지 않은데.
좀 더 자세히 알아봐야지.'

파브르는 풀무치를 유리병 속에 넣어 두었어요.
어느덧 밤이 깊었지요.
찌르르~, 찌르르~.
풀무치 소리에 잠이 깬 파브르는 얼른 유리병 안을 들여다보았어요.
그런데 풀무치는 입을 움직이는 것이 아니었어요.
뒷다리를 열심히 움직여 날개에 비비고 있었지요.
"야호! 찾았다!"
파브르는 펄쩍펄쩍 뛰면서 소리를 질렀어요.

"파브르야, 무슨 일이니?"
깜짝 놀란 할머니가 방으로 뛰어 들어왔어요.
"할머니, 알아냈어요! 풀무치는 뒷다리와 날개를
비벼서 소리를 내는 거예요!"
"아이고, 난 또 뭐라고. 어서 잠이나 자거라."
할머니는 고개를 흔들고는 방을 나가 버렸어요.
파브르는 이처럼 호기심 많은 아이였어요.
궁금한 게 있으면 꼭 알아내야만 했거든요.
파브르가 가장 좋아한 건 곤충 친구들이었지요.

어른이 된 파브르는 선생님이 되어 코르시카 섬의 학교에서 아이들을 가르치게 되었어요.
이 섬에는 신기한 동식물과 곤충이 많았어요.
파브르는 틈만 나면 곤충을 찾아 산으로 들로 돌아다녔어요.
아이들을 가르치면서도 곤충 연구를 했지요.

어느 날, 파브르는 한 곤충학자가 쓴
책을 읽었어요.
그 책에서는 노래기벌이 사냥감을 죽이고 나서
썩지 않도록 방부제 같은 것을 사용한다고 했어요.
"이게 정말일까? 내가 직접 확인해 봐야겠어."
그날부터 파브르는 노래기벌을 자세히 관찰했어요.
뙤약볕 아래에서 하루 종일 꼼짝 않고 노래기벌의
굴을 들여다보기도 했지요.

어느 날, 노래기벌이 사냥한 바구미를 끌고 벼랑을
기어오르고 있었어요.
파브르는 바구미를 빼앗아 자세히 살펴보았어요.
그런데 노래기벌에 쏘인 바구미는 시간이 지나도
몸 빛깔이 그대로였어요.
대개 곤충은 죽은 뒤 몇 시간만 지나면 몸이
마르고 딱딱하게 굳어 버리는데, 노래기벌이
잡아 온 바구미는 한참이 지나도 썩거나
마르지 않는 것이었어요.
"도대체 방부제를 얼마나 많이 넣은 것일까?"
그런데 얼마 후 파브르는 신기한 걸 발견했어요.
바구미 꽁무니에 매달린 작은 덩어리였어요.
"아니, 이건 바구미 똥이잖아!
어쩌면 바구미가 살아 있는 게 아닐까?"
바구미는 죽은 것이 아니라, 몸을 움직일 수 있는
운동 신경이 마비된 것이었어요.

파브르는 노래기벌이 바구미를
어떻게 잡는지 관찰해 보았어요.
"앗, 벌침에 맞자마자 그대로
굳어 버리잖아!"
노래기벌은 바구미의 두꺼운 등껍질 틈새로
침을 찔러 넣어 신경을 마비시키는 것이었어요.
그래서 바구미는 살아 있는 상태로 노래기벌
애벌레를 위한 싱싱한 식량이 되는 것이지요.

파브르는 이렇게 평생 동안 곤충을 관찰하고
연구했어요. 그리고 곤충의 행동과 습성을
기록하여 모두 열 권의 〈곤충기〉를 썼지요.
〈곤충기〉는 곤충의 생활이 정확하고 자세히
실려 있어 곤충 연구의 귀중한 자료가 되고 있어요.
또한 이 책 속에는 자연과 곤충을 사랑한
파브르의 마음도 들어 있답니다.

등불을 든 천사 나이팅게일

"아, 가엾기도 해라! 내가 치료해 줄게."
나이팅게일은 다리를 다친 개를 보고 눈물을
글썽거렸어요.
나이팅게일은 마음씨 따뜻한 소녀였어요.
배고픈 동물에겐 먹을 것을 주었고, 다친 동물을
보면 치료를 해 주었지요. 마을에 아픈 사람이
있으면 찾아가 간호해 주기도 했어요.

나이팅게일의 집안은 부유한 귀족이었어요.
나이팅게일이 스물네 살이 되자
부모님은 좋은 귀족 가문의 청년에게
나이팅게일을 시집보내려고 했어요.
하지만 나이팅게일은 오래전부터
꿈을 가지고 있었어요.
바로 아픈 사람들을 돕는 간호사가
되는 것이었지요.

그 당시 간호사는 천한 일로 여겨졌어요.
귀족들은 의사를 집으로 불러서 치료를 받았기
때문에, 병원은 주로 가난한 사람들만 가는
곳이었거든요. 게다가 귀족 여성이 간호사가
된다는 것은 상상할 수도 없는 일이었지요.
부모님은 노발대발 화를 냈어요.
"간호사라니 어림없다! 시집이나 가거라."
하지만 나이팅게일은 포기하지 않았어요.
간호사가 되기 위해 밤마다 공부를 했지요.

부모님은 걱정이 이만저만이 아니었어요.
"어쩔 수 없군요. 저토록 간호사가 되고 싶다니
이만 허락합시다."
어머니가 간곡하게 아버지를 설득했어요.
아버지는 할 수 없다는 듯이 고개를 끄덕였어요.
나이팅게일은 마침내 간호사가 되었지요.

그러던 어느 날이었어요.
"전쟁이다! 전쟁이 일어났다!"
나이팅게일은 병사들을 치료할 간호사를
모집하자 한달음에 전쟁터로 달려갔어요.
전쟁터는 그야말로 끔찍했어요.
하루에도 수백 명씩 다친 병사들이 실려 왔지요.
포탄에 맞아서 다리를 잃은 환자, 두 눈을 다쳐서
앞을 못 보는 환자도 있었어요.
나이팅게일은 간호사들을 이끌고 병원을 깨끗이
청소하고 환자들을 정성껏 보살폈어요.
병사들의 다친 몸 뿐 아니라 마음까지 세심하게
살피고 위로해 주었지요.
병사들은 한밤중에도 등불을 들고 다니며
자신들을 돌보아 주는 나이팅게일을
'등불을 든 천사'라고 불렀어요.

하지만 전쟁터에서는 매일 많은 병사들이
목숨을 잃었어요.
"아! 제때 치료했다면 죽지 않았을 텐데."
나이팅게일은 제대로 치료를 받지도 못하고
죽어 가는 환자들이 무척 안타까웠어요.
간호사의 수가 턱없이 모자라서 모든 환자를
일일이 보살필 수가 없었거든요.

전쟁이 끝나자 나이팅게일은 간호 학교를 세워
전문 간호사들을 길러 내는 일을 했어요.
이제 간호사는 더 이상 하찮은 일이 아니라
존경 받는 직업이 되었어요.
촛불처럼 자신을 태워 세상을 밝게 해 준
나이팅게일은 지금까지도 모든 간호사의
본보기가 되고 있답니다.

세계 지도를 바꾼 콜럼버스

바닷가에서 어린 시절을 보낸 콜럼버스는
뱃사람들의 모험 이야기를 좋아했어요.
콜럼버스는 어릴 때부터 아버지를 도와 항해를
했어요. 또한 틈날 때마다 탐험가들이 쓴 책들을
즐겨 읽었지요.
젊은 시절에 항해에 필요한 기술을 모두 익힌
콜럼버스는 '인도'라는 나라에 황금이 많다는
이야기를 들었어요.

콜럼버스는 인도로 가는 길을 찾고 싶었어요.
그는 대서양을 건너면 인도에 닿을 거라 믿고,
인도로 가는 항해를 계획했어요.
하지만 모두들 콜럼버스를 비웃었어요.
"정신 나간 사람 같으니라고!"
"뱃길로는 인도에 갈 수 없어!"

콜럼버스는 마흔두 살이 되어서야 겨우 왕실로부터 항해에 필요한 지원을 받을 수 있었어요.
드디어 콜럼버스의 항해가 시작되었어요. 하지만 아무리 가도 육지가 나타나지 않자 선원들은 점점 두려워지기 시작했어요.
"더 이상 못 참겠소. 당장 돌아갑시다!"

선원들은 떼로 몰려와 대들기도 했어요.
"조금만 더 힘을 냅시다!
육지가 곧 나올 거요!"
콜럼버스는 그때마다 선원들을 열심히 격려했어요.
때로는 금방이라도 배를 뒤엎을 듯한 폭풍우가
몰아치기도 했지요.
선원들은 끝이 안 보이는 오랜 항해에 점점
지쳐 가고 있었어요.

그러던 어느 날 밤이었어요.
"육지다! 육지가 보인다!"
한 선원이 고함을 질렀어요.
정말로 저 멀리 육지가 은은한 달빛 아래
흐릿하게 모습을 드러내고 있었지요.
기나긴 항해 끝에 마침내 새로운 땅을
발견한 것이었어요.

배에서 내린 콜럼버스는 그곳이 자신이 찾던
인도라고 생각했어요.
하지만 사실 그곳은 당시 유럽에 전혀 알려지지
않았던 아메리카 대륙이었어요.
콜럼버스는 그 이후로도 세 번에 걸쳐
새로운 대륙으로 향하는 탐험을 이끌었어요.

그 후로 콜럼버스의 도전에 용기를 얻은
탐험가들이 그가 발견한 뱃길을 따라
바다를 건넜어요.
그리고 콜럼버스가 발견한 땅은 인도가 아니라
아메리카 대륙이라는 사실도 알게 되었지요.
콜럼버스는 당시 유럽 사람들의 지도에 없던
아메리카 대륙을 찾아내어 새로운 세상과
만나는 길을 활짝 열었어요.
이때부터 두 대륙 사이에 교류가 시작되었고,
유럽은 아메리카의 풍부한 자원을 얻어서
발전할 수 있었어요.
온갖 어려움 속에서도 꿈과 용기를 잃지 않았던
콜럼버스의 도전 정신이 세계의 역사를
바꾼 거예요.

발명왕 에디슨

저녁이 되자 가로등의 불이 켜졌어요.
등을 켜는 사람이 긴 막대기를 가지고 다니며
가스등마다 불을 켰지요.
그때는 어둠을 밝히기 위해 가스를 태워
빛을 내는 가스등을 쓰던 시절이었어요.
아침이 되면 다시 사람이 직접 돌아다니며
가스등의 불을 꺼야만 했지요.

에디슨이 전기 에너지로 빛을 낼 수 있는
전구를 발명하기 위해 연구를 시작한 지도
벌써 일 년이 훌쩍 지났어요.
그런데 전구를 만들려면 전기 에너지를
빛 에너지로 바꾸어 주는 장치가
꼭 필요했어요.

전구 속에 들어 있는 검은 실 같이 생긴 장치가
그 일을 하는데 그걸 '필라멘트'라고 불러요.
에디슨은 그동안 무려 천육백 가지가 넘는
재료로 필라멘트를 만들어 보았어요.
대나무, 백금은 물론이고 심지어는 머리카락과
수염까지 필라멘트의 재료로 써 보았지요.
하지만 이렇게 만든 필라멘트는 잠깐 동안
환한 빛을 낼 뿐, 곧 타 버리고 말았어요.
그나마 백금으로 만든 필라멘트가 가장 오랫동안
빛을 내긴 했지만, 에디슨은 만족할 수 없었어요.
"백금은 너무 비싸. 이렇게 비싼 재료로 전구를
만들면 돈이 많은 사람들만 전구를 쓰게 될 거야.
모두가 쓸 수 있는 값싼 전구를 만들어야 해!"
에디슨은 책상에 엎드린 채 생각에 잠겼어요.
"도대체 타지 않는 재료는 없는 것일까?"

그때 실험실 한쪽에 있던 탄소 가루가
눈에 들어왔어요.
몇 년 전 전화기를 만들 때 재료로 썼던
것이었지요.
"저걸로 필라멘트를 만들 수 있을까?"
잠깐 생각을 해 본 에디슨은 고개를 저었어요.
탄소는 공기 중에 있으면 산소와 만나서 빨리
타 버리는 특징이 있어서 필라멘트의 재료가
될 수 없거든요.
그런데 에디슨의 머릿속에 새로운 생각이
떠올랐어요.
'공기가 없으면 어떻게 될까?
탄소가 빨리 타는 것은 공기 때문이잖아.'
에디슨은 한시라도 빨리 그 결과를
알아보고 싶어 마음이 바빠졌어요.

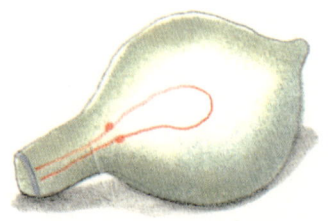

에디슨은 당장 탄소 가루로 필라멘트를
만들었어요. 그러고는 유리 속에
탄소 필라멘트를 넣은 뒤 진공 펌프를 사용하여
공기를 모두 빼내고 전기를 연결했지요.
팟! 전구에 환한 불빛이
들어왔어요.

"제발 오래 버텨라!"
에디슨은 두 손을 꼭 모으고 기도하듯
중얼거렸어요. 그런데 한 시간, 두 시간이
지나도 탄소 필라멘트는 타 버리지 않고
환한 빛을 냈어요. 성공이에요!
"됐다! 비결은 바로 진공으로 만드는 거였어!"
에디슨은 주먹을 꽉 쥐고 환호성을 질렀어요.
에디슨의 발명으로 밤에도 전구가 반짝반짝
빛을 내고, 환하게 길을 밝히게 되었어요.
그뿐만이 아니에요. 에디슨은 전화기, 축음기 등
크고 작은 수많은 발명품을 만들어서
'발명왕'이라고 불린답니다.
에디슨의 발명은 사람들의 생활을 편리하게
해 주고 산업의 발전에도 큰 도움을 주었어요.

지금까지도 에디슨이 많은 사람들에게 존경을 받는 가장 큰 이유는 여러 번의 실패에도 포기하지 않고 끊임없이 노력했기 때문이에요. 그러한 노력이 없었다면 에디슨의 성공은 없었을 거예요.

인도의 독립을 이끈 간디

영국이 인도를 지배하던 시절이었어요.
인도 사람들은 백인에게 심한 차별을
받았지만, 영국에 맞설 힘이 없었지요.
인도 사람인 간디도 온갖 차별을 겪으며 자랐어요.
간디는 법률을 공부해서 변호사가 된 후,
일자리를 얻어 남아프리카로 떠났어요.

하지만 남아프리카도 인도처럼
영국의 지배를 받는 나라였어요.
어느 날 간디는 일등석 표를 샀는데도
인도 사람이라는 이유로 기차에서 쫓겨났어요.
'인도 사람들을 차별하는 법은 없어져야 해!'
간디는 차별 받는 인도 사람들의
권리를 찾기 위해 일하기로 결심했어요.

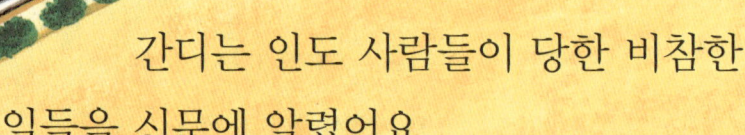

간디는 인도 사람들이 당한 비참한
일들을 신문에 알렸어요.
"인도 사람을 차별하는 법을 따르지 맙시다!"
그는 사람들 앞에 나가 연설을 하기도 했어요.
간디의 오랜 노력 끝에 인도 사람을 차별하는
법은 점차 고쳐지기 시작했어요.
이십여 년이 지나고, 간디는 인도로 돌아왔어요.
간디는 인도 곳곳을 돌아다니며 독립운동을
펼치기 시작했어요.
그런데 어느 날, 끔찍한 일이 일어났어요.
광장에서 시위하던 인도 사람들을 향해
영국 군인들이 마구잡이로 총을 쏜 거예요.

이날 수많은 인도 사람들이 죽거나 다쳤어요.
"아! 이렇게 잔인할 수가!"
인도 사람들은 몹시 분노했어요.

하지만 간디는 폭력에 똑같이 폭력으로 맞서선
안 된다고 호소했어요.
그는 다른 방법을 주장했어요.
"영국 물건을 사지 맙시다! 영국이 만든 옷을
사지 말고, 우리 손으로 직접 옷을 만듭시다!"
간디는 직접 물레를 돌리고 옷감을 짰어요.
사람들은 간디를 따라 옷을 만들기 시작했어요.
곧 직접 짠 하얀 옷으로 인도 전체가 뒤덮였지요.

한편, 영국 정부는 인도 사람들이 소금을
만들지 못하도록 '소금법'을 만들었어요.
인도 사람들이 강제로 영국의 소금을 사 먹게
해서 이익을 얻기 위해서였지요.
"난 소금법을 지키지 않겠습니다!"
간디는 수천 명의 사람들을 이끌고
지팡이를 짚은 채 길을 나섰어요.

간디가 이끄는 사람들은 천천히 바닷가를
향해 나아갔어요.
삼 주나 걸린 긴 행진 끝에 간디와 사람들은
바닷가에 도착했어요.
간디는 소금 한 줌을 움켜쥐었어요.
사람들도 달려들어 소금을 주워 먹었어요.
"소금법을 어기다니, 모조리 잡아들여라!"
간디는 결국 감옥으로 끌려갔어요.

그러자 인도 사람들은 소금 공장 앞에 가서
시위를 했어요. 영국 군인들이 휘두르는
쇠몽둥이에도 물러서지 않았지요.
"소금법을 없애라! 인도를 독립시켜라!"
이 소식은 전 세계로 알려졌어요.
결국 영국은 소금법을 없앨 수밖에 없었어요.

얼마 후 제2 차 세계 대전이
일어났어요.
인도 사람들은 곳곳에서
영국에 대항했어요.
전쟁이 끝나자 영국은 결국 두 손을 들었어요.
마침내 인도는 영국으로부터 독립하게 되었지요.
하지만 안타깝게도 이번에는 인도 사람들끼리
갈등이 벌어졌어요. 힌두교를 믿는 사람들과
이슬람교를 믿는 사람들끼리 나뉜 거예요.
간디는 힌두교와 이슬람교의 싸움을 멈추기 위해
노력을 기울였지만 결국 숨을 거두고 말았어요.

간디는 인도의 독립을 위해 평생을 바쳤어요.
그는 폭력 앞에서도 평화적인 방법으로 맞섰고,
모든 사람이 서로 사랑해야 한다고 가르쳤어요.

인도 사람들은 간디를 '마하트마'라고 불러요.
위대한 영혼이라는 뜻이지요.
간디는 지금도 인도 사람들의 마음속에
영원히 살아 있는 지도자랍니다.

근대 과학의 아버지 갈릴레이

"네덜란드에는 망원경이란 게 있는데,
멀리 있는 게 눈앞에 있는 것처럼 크게 보이게
해 준다는구먼!"
어느 날 소문을 듣고 갈릴레이의 귀가 번쩍
뜨였어요.
갈릴레이는 수학자이자 천문학자로, 우주와 별에
관심이 아주 많았거든요.
"그래, 나도 망원경을 만들어 봐야지!"
갈릴레이는 그때부터 유리를 갈고 닦고,
매끈하게 다듬었어요.

그리고 마침내 원래의 망원경보다 성능이
훨씬 좋은 망원경을 만들어 냈어요.
멀리 있는 것도 가까이 있는 것처럼 아주
잘 보였지요.
갈릴레이는 매일 망원경을 가지고 언덕으로
올라가 달과 별을 관찰했어요.

그 당시 사람들은 지구가 우주의 중심이라고
생각했어요.
태양을 비롯한 모든 별과 행성이 지구를 중심으로
돌고 있다고 굳게 믿었지요.
하지만 망원경으로 하늘을 관찰한 갈릴레이는
태양이 지구 주위를 도는 것이 아니라, 지구가
태양의 주위를 돈다는 것을 알게 되었어요.
갈릴레이는 얼른 이 사실을 세상에 알리고
싶었어요.
그래서 이 놀라운 발견을 책으로 써냈지요.

갈릴레이는 금세 유명해졌어요.
갈릴레이의 주장을 받아들인 사람들도 있었지만,
모두가 갈릴레이를 칭찬한 것은 아니었어요.
"말도 안 돼! 지구가 돌다니, 사기꾼이야!"
"지구가 돌면 어지러워서 어떻게 서 있을 수 있어!"
특히 그 당시 큰 힘을 가지고 있었던 교회의
수도사들은 단단히 화가 났어요.
"이런 턱없는 말을 퍼뜨리는 갈릴레이를 불러
혼내 줘야겠군!"
교황은 갈릴레이에게 로마 교황청으로 와서
재판을 받으라고 명령했어요.

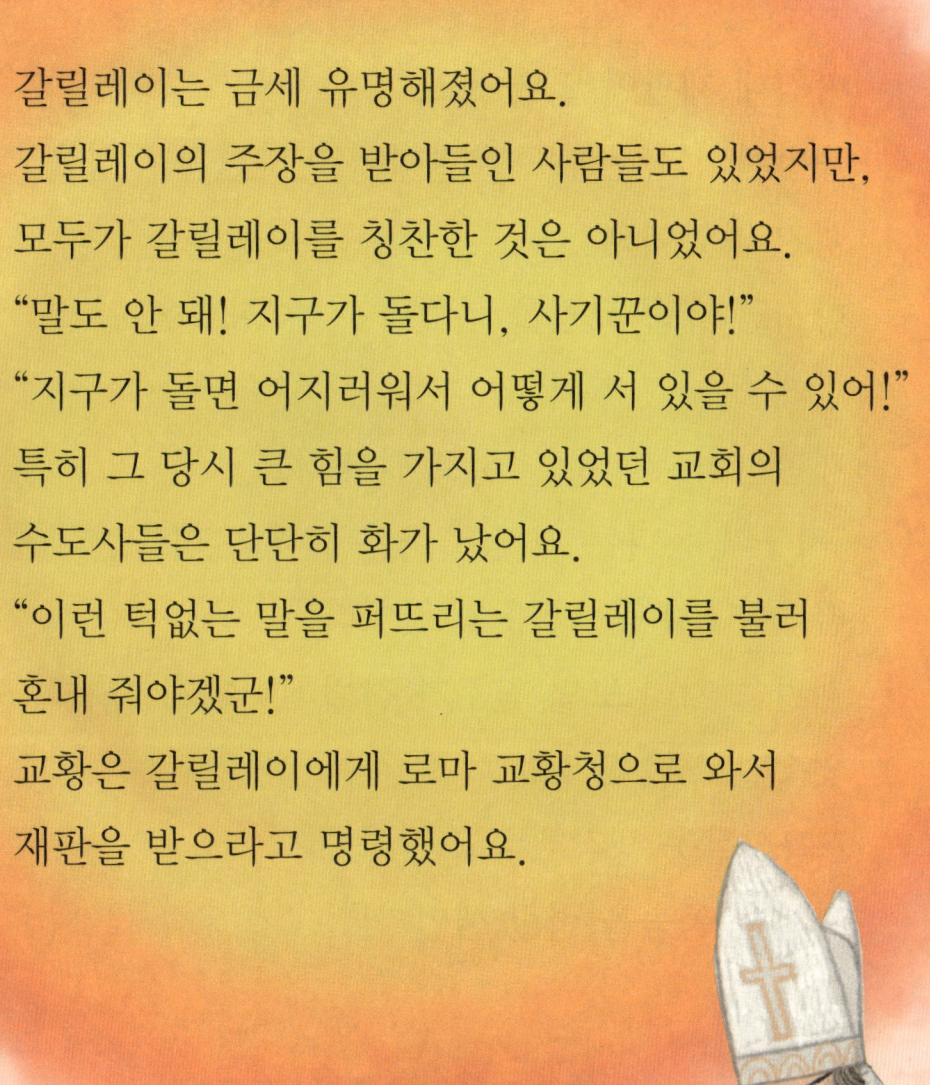

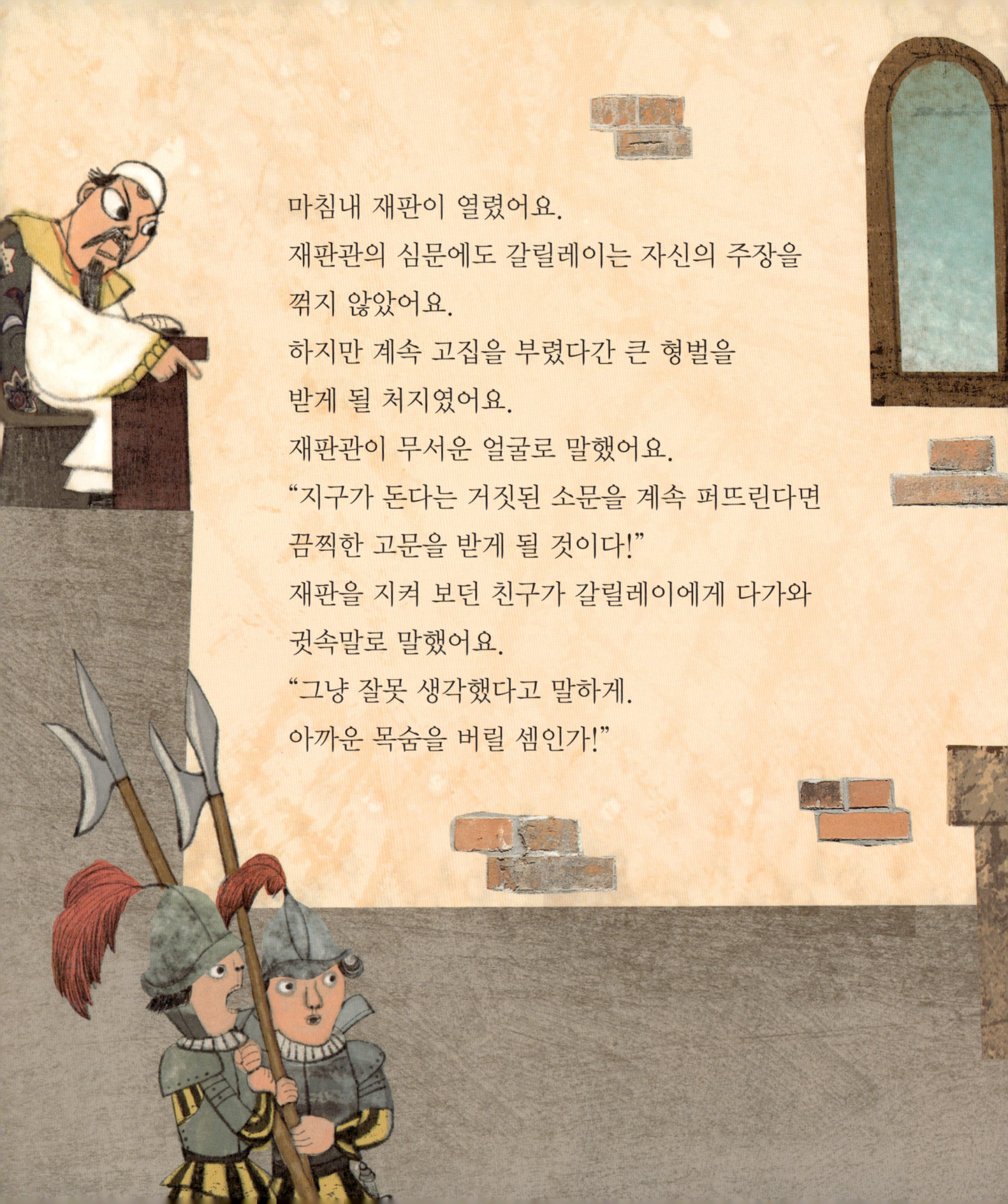

마침내 재판이 열렸어요.
재판관의 심문에도 갈릴레이는 자신의 주장을
꺾지 않았어요.
하지만 계속 고집을 부렸다간 큰 형벌을
받게 될 처지였어요.
재판관이 무서운 얼굴로 말했어요.
"지구가 돈다는 거짓된 소문을 계속 퍼뜨린다면
끔찍한 고문을 받게 될 것이다!"
재판을 지켜 보던 친구가 갈릴레이에게 다가와
귓속말로 말했어요.
"그냥 잘못 생각했다고 말하게.
아까운 목숨을 버릴 셈인가!"

재판관이 다시 한 번 물었어요.
"아직도 지구가 태양을 돈다고 생각하는가?"
갈릴레이는 한참 동안 망설이다 천천히
대답했어요.
"아닙니다. 제가 잘못 생각했습니다."
물론 속으로는 그렇게 생각하지 않았지만요.

이로써 재판은 끝이 났어요.
갈릴레이는 비로소 풀려났지만, 평생 감시를
받으며 시골집에 갇혀 살아야 했어요.
하지만 갈릴레이는 훗날 다른 과학자가
자신의 주장이 옳았다는 것을 꼭 밝혀낼 거라
믿었어요.
비록 재판에서는 거짓말을 했지만, 지구가
도는 것은 아무도 막을 수 없기 때문이지요.
오늘날, 지구가 태양 주위를 돈다는 건
누구나 알고 있는 사실이에요.

결국 갈릴레이의 주장이 옳았다는 것이
증명되었지요.
갈릴레이는 '근대 과학의 아버지'라 불릴 만큼
뛰어난 과학자였어요.
갈릴레이는 항상 주의 깊게 사물을 관찰하고,
수많은 실험을 통해 연구를 거듭했어요.
이러한 갈릴레이의 노력 덕분에 근대 과학은
눈부시게 발전할 수 있었답니다.

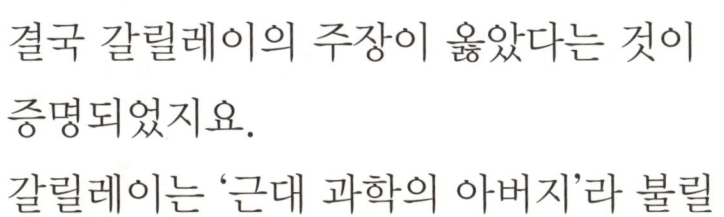
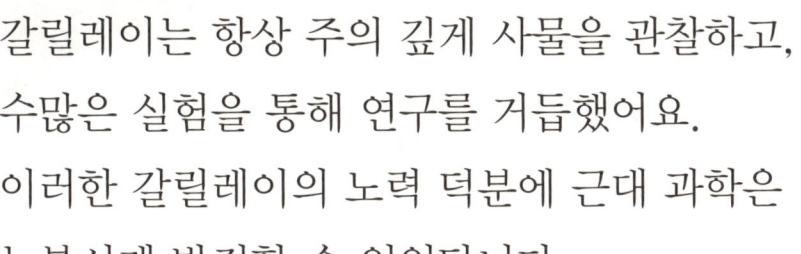

자연을 담은 건축가 가우디

어린 가우디는 몸이 약하고 자주 아팠어요.
친구들이 마음껏 뛰어놀 때, 가우디는 가만히
주위를 바라보면서 시간을 보내야 했지요.
하늘을 향해 삐죽삐죽 솟은 산, 반짝반짝 빛나는
푸른 바다…….
　가우디에게는 아름다운 자연이
　친구이자 세상의 전부였어요.

가우디는 자연을 닮은 훌륭한 건물을 짓고
싶었어요.
그리고 남들과는 다른 특별한 건축가가 되었지요.
가우디는 집을 지을 때 자연과 어우러지는 것을
가장 중요하게 생각했어요.
가우디가 지은 건물을 본 사람들은 눈이
휘둥그레졌어요.
어디서도 볼 수 없었던 독특한 집이었거든요.

어느 날, 가우디는 새로운 저택의 설계를 하고
있었어요.
저택을 지어야 하는 곳은 도시의 중심가였어요.
주변에는 모두 비슷하게 생긴 건물들이
늘어서 있었지요.
"답답해! 이렇게 똑같은 건물을 지어서야 원."
가우디는 고향의 아름다운 자연을 떠올렸어요.
부드러운 산의 능선과 삐죽삐죽 솟아오른
바위를 생각했지요.
가우디의 연필이 종이 위에 쓱쓱 춤을 추듯
지나가자, 종이 위에는 부드러운 곡선들로
울퉁불퉁한 바위산이 모습을 드러냈어요.
그건 바로 새로운 저택의 스케치였지요.

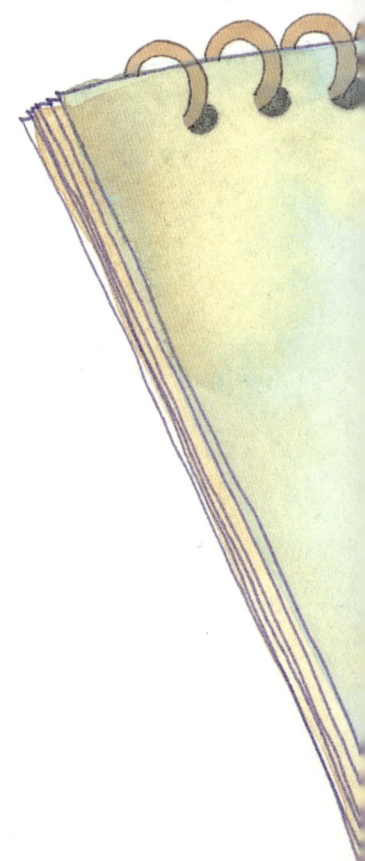

하지만 건물을 짓기 시작하자 지나가는 사람들이 비웃어 댔어요.
"무슨 집이 저 따위야? 울퉁불퉁하잖아!"
하지만 건물이 완성되자 사람들은 깜짝 놀랐어요.
건물은 마치 커다란 바위산 같았어요.
건물 전체가 출렁이는 파도처럼 구불구불 곡선을 이루고 있었지요.
옥상의 굴뚝은 투구를 쓴 기사들 같았고요.
가우디의 손끝에서 자연이 그대로 건물로 옮겨진 듯했어요.

사람들은 감탄했어요.
"마치 내 고향의 산맥 품에 있는 것 같아."
이 집을 바로 '카사 밀라'라고 해요.

어느덧 가우디는 나이가
많이 들었어요.
가우디는 아주 오랫동안
'사그라다 파밀리아 성당'을
짓고 있었지요.
이 성당은 가우디가 가장 정성을
들인 건축물이기도 했어요.
"내 모든 것이 담긴 성당으로 만들겠어!"
가우디는 성당을 짓는 데 온 힘을 쏟았어요.
가우디가 죽고 난 뒤에도 성당은 그가 남긴
설계도로 여전히 공사 중이에요.
앞으로도 몇십 년은 걸려야 완성될 거라고 해요.
이 아름다운 성당에는 가우디의 빼어난 상상력과
창의력이 모두 녹아들어 있어요.
사람들은 훌륭한 건축가 가우디를 추모하며
지금도 성당을 정성껏 짓고 있답니다.

아프리카의 성자 슈바이처

"심심해! 아무도 나랑 놀아 주지 않아!"
슈바이처가 학교에서 집으로 돌아오는 길에
고개를 푹 숙이고 중얼거렸어요.
슈바이처는 늘 외톨이였거든요.
그런데 저 멀리 같은 반 아이들이 어울려 노는
모습이 보였어요.

그중 툭하면 슈바이처에게 시비를 거는
게오르크가 또 싸움을 걸어왔어요.
"야, 너 내 신발 보고 비웃었지?"
마을 아이들은 대부분 가난해서 나막신을
신었지만, 집안이 넉넉했던 슈바이처는
가죽으로 만든 구두를 신고 있었지요.
게오르크는 슈바이처가 대답을 채 하기도 전에
멱살을 잡고 달려들었어요.

둘은 순식간에 흙바닥에 나뒹굴었어요.
게오르크가 몸집이 훨씬 컸기 때문에
아이들은 게오르크가 이길 거라 생각했지요.
그런데 놀라운 일이 벌어졌어요.
싸움이라고는 해 본 적도 없는 슈바이처가
게오르크의 몸에 올라탄 채 연신 주먹질을
해 대는 거예요.

"어때? 내가 이겼지?"
슈바이처가 벌떡 일어나 의기양양하게 말했어요.
그러자 게오르크가 분한 듯이 소리쳤어요.
"너는 매일 고기를 먹으니까 그렇지. 나도 너처럼
고기를 먹을 수 있다면 지지 않았을 거야."
그 말을 듣는 순간, 슈바이처는 불끈 쥐었던
주먹의 힘이 쫙 빠져 버렸어요.

슈바이처는 집으로 돌아와 방에 틀어박혔어요.
게오르크의 말이 가슴을 콕콕 찌르는 것 같았지요.
목사의 아들이었던 슈바이처는 사실 무엇 하나
부족한 것이 없었어요.
하지만 다른 아이들은 그렇지 못했던 거예요.

'게오르크의 말이 맞아. 세상은 불공평하구나!
나만 사치스럽게 사는 것은 싫어.'
슈바이처는 그날 이후로 일부러 고기 수프를
먹지 않았어요.
옷도 마을 아이들처럼 허름하게 입고 다녔지요.
어린 슈바이처는 이때부터 다른 사람을 돕는 일을
해야겠다는 결심을 했어요.

청년이 된 슈바이처는 어느 날 신문을 보다가
아프리카에 대한 이야기를 읽었어요.
아프리카에 의사가 없어서 사람들이 병에 걸려도
치료 받지 못하고 죽어 간다는 이야기였지요.
슈바이처는 아프리카 사람들을 돕기로 결심하고
의학 공부를 시작했어요.
그리고 마침내 의사가 되어 아프리카로 갔어요.
슈바이처가 도착해서 보니, 아프리카 사람들은
몹시 비참한 생활을 하고 있었어요.
백인들은 원주민들에게 짐승처럼 일을 시켰어요.

가난하고 굶주린 아프리카 사람들은 병에 걸려도
치료를 받을 수조차 없었지요.
슈바이처는 가장 먼저 낡은 닭장을 고치고
깨끗이 청소해서 병원을 만들었어요.
슈바이처 의사의 소문이 퍼지자 매일같이
수십 명의 환자들이 찾아왔어요.
아프리카의 날씨는 몹시 무덥고 습해서
전염병에 걸린 환자들이 넘쳐났지요.

슈바이처는 밀려드는 환자들을 정성껏 치료하고
돌보아 주었어요.
아프리카 사람들은 병을 고쳐 주는 슈바이처를
마법사라는 뜻인 '오강가'라 부르며 따랐어요.
어느덧 수십 년의 세월이 흘렀어요.

슈바이처의 용기 있는 행동은 전 세계로
알려져 사람들에게 큰 감동을 주었지요.
사람들의 후원금으로 병원도 새로 지었고,
슈바이처는 노벨 평화상을 받았어요.
슈바이처는 자신이 편안하게 살 수 있는 길을
버리고, 평생 아프리카의 병든 사람들을 치료하며
많은 목숨을 구한 의사예요.
그는 '아프리카의 성자'로도 불린답니다.

우주의 비밀을 밝힌 뉴턴

"지구는 태양의 둘레를 돌고, 달은 지구의
둘레를 돌아. 그 이유는 대체 뭘까?"
뉴턴은 사과나무 아래에 앉아 골똘히 생각에
잠겨 있었어요.
스물세 살의 뉴턴은 대학교에 다니다가 전염병이
퍼지는 바람에 고향에 돌아와서 쉬는 중이었어요.

뉴턴은 매일 사과나무 아래에서 이런 문제들을 생각하며 시간을 보내고 있었지요.
그때, 사과나무에서 사과 한 알이 쿵 떨어졌어요.

그런데 뉴턴의 머릿속에 어떤 궁금증이
반짝 떠올랐어요.
"사과는 왜 땅으로 떨어지는 걸까?"
사실, 사과가 하늘로 올라가지 않고 땅으로
떨어지는 건 너무나 당연한 일이잖아요.
그런데 뉴턴은 당연한 일에 궁금증을 품기
시작한 거예요.
뉴턴은 생각에 생각을 거듭했어요.

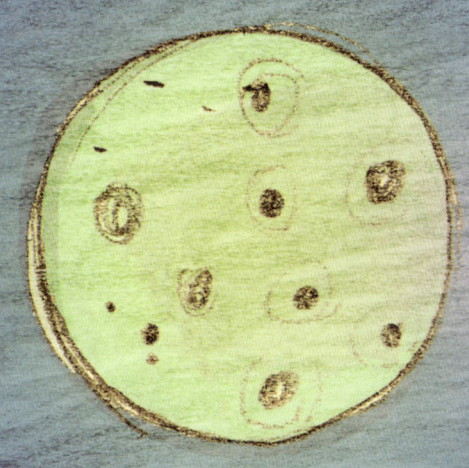

"사과가 땅으로 떨어지는 건 땅이 사과를
끌어당기는 힘이 있기 때문이야.
둥근 지구 위에 사람이 서 있을 수 있는 것도
지구가 사람을 끌어당기는 힘이 있기 때문이지!
하지만, 그렇다면 달은 왜 지구로 떨어지지 않고
태양은 왜 지구를 끌어당기지 않는 걸까?"
뉴턴은 그 후로도 오랫동안 이 연구를 계속했어요.

연구를 거듭하던 뉴턴은 어릴 때 했던 놀이를 떠올렸어요.
실에 돌멩이를 묶은 뒤 머리 위로 빙글빙글 돌리다가 휙 던지면 멀리 있는 나무에 친친 감기던 놀이였지요.
"맞아! 돌이 밖으로 도망가지 못하도록 실이 끌어당기는 거야. 이처럼 우주에 있는 물체는 서로 끌어당기는 보이지 않는 힘이 있는 거야!"
뉴턴은 이러한 '만유인력의 법칙'을 최초로 밝혀낸 과학자예요.
뉴턴은 사과가 땅으로 떨어지는 당연한 일에도 호기심을 품었어요.
그리고 호기심을 가진 데 그치지 않고, 끈기 있게 생각하고 연구했어요. 그래서 마침내 신비한 우주의 비밀을 밝혀낼 수 있었던 것이랍니다.

음악의 성인 베토벤

"아니야, 안 돼!"
피아노를 치던 베토벤이 갑자기 머리를 감싸고 소리를 질렀어요.
오래전부터 앓던 귓병 때문에 귀가 점점 들리지 않았기 때문이었어요.
음악가에게 귀가 들리지 않는다는 건 무시무시한 일이었어요. 자신이 만든 곡을 소리로 들을 수 없으니 작곡을 하기가 쉽지 않았지요.
"왜 제게 이런 벌을 내리시나요? 하늘이시여!"

베토벤은 괴로운 마음에 하늘을 올려다보며
울부짖었어요.
'음악가가 소리를 못 듣는 것은 음악을 잃는 것과
똑같아! 이젠 살아야 할 이유가 없어.
차라리 빨리 죽음을 맞이해 이 고통에서
벗어나고 싶어.'
베토벤은 동생들에게 보내는 유서를 썼어요.

베토벤이 죽기로 결심한 바로 그 순간,
머릿속에 어떤 목소리가 들려왔어요.
"네겐 아직 할 일이 많이 남아 있다.
사람들을 감동시킬 위대한 곡을 써라!"
그건 어쩌면 베토벤이 자신에게 하는 말인지도
몰랐어요.
'그래, 아직 내겐 할 일이 있어.
이렇게 죽을 수는 없지!'
마음을 추스른 베토벤은 다시 펜을 들었어요.
그 후로 베토벤은 작곡에 더욱더 힘을 쏟았어요.
비록 귀로는 아무 소리도 들을 수 없었지만,
베토벤의 머릿속에는 아름다운 소리가
끊임없이 울려 퍼지고 있었어요.
손에 쥔 펜 끝은 머릿속에서 들려오는 음악 소리를
악보 위에 바쁘게 그려 냈지요.

어느덧 시간이 흐르고, 베토벤의 머리는 점점 새하얗게 물들었어요.
드디어 아홉 번째 교향곡 〈합창〉이 완성되었어요.
베토벤은 꼭 이 곡의 지휘를 하고 싶었어요.
하지만 귀가 들리지 않기 때문에 지휘를 하는 것은 위험한 일이었지요.
자칫하면 공연이 엉망이 될 수도 있거든요.
그래서 베토벤은 다른 지휘자와 함께 지휘대에 오르기로 했어요.

드디어 공연 날이 되었어요.
베토벤은 눈을 감고 지휘를 시작했어요.

베토벤은 연주자와 합창 단원들의 선율을
몸으로 느끼면서 자신만의 지휘를 해 나갔지요.
청중들은 숨소리 하나 내지 않고 연주에 귀를
기울였어요.
마침내 연주가 끝나자 공연장이 떠나갈 듯
박수갈채가 쏟아졌어요.

"브라보!"
"베토벤, 베토벤!"
모두 일어나 베토벤의 이름을 외쳤어요.
하지만 환호 소리를 듣지 못한 베토벤은
여전히 청중들을 등진 채 서 있었어요.

그때 한 단원이 베토벤의 옷자락을 잡아당겨
관객 쪽으로 돌려세웠어요.
그제야 베토벤은 수많은 청중들이 환호하며
박수를 치는 모습을 볼 수 있었어요.
늙은 베토벤의 뺨에 한 줄기 기쁨의 눈물이
주르륵 흘러내렸어요.

베토벤은 '음악의 성인'이라고 불릴 만큼
위대한 작곡가예요.
그는 귓병을 앓아 소리를 듣지 못하는 시련을
겪었지만, 결코 음악을 포기하지 않았어요.
그가 역경을 딛고 작곡한 아름다운 곡들은
지금까지도 많은 사람들에게 깊은 감동을
주고 있답니다.

가난한 이들의 어머니 테레사

병원 접수대 앞에 테레사 수녀가 벌써 몇 시간째
꼼짝 않고 서 있었어요.
그 옆에는 온몸을 쥐에게 물어뜯겨 피가 흐르는
할머니 한 분이 주저앉아 있었지요.
"수녀님, 글쎄 안 된다니까요! 병원비가 없으면
치료를 해 드릴 수가 없어요."
간호사가 안타까운 표정을 지으며 말했어요.
하지만 테레사 수녀는 아무 말이 없었어요.
나무처럼 가만히 그 자리에 서 있을 뿐이었지요.
"어휴, 정말 어쩔 수가 없군요!"
병원장이 고개를 절레절레 흔들었어요.

"알겠습니다. 이 할머니를 치료해 드리지요."
그제야 수녀는 빙그레 웃으면서 말했어요.
"감사합니다. 잘 부탁드립니다."

테레사 수녀는 마케도니아에서
태어났지만, 인도의 콜카타로 와서 거리의
가난한 사람들을 돌보는 일을 하고 있었어요.
콜카타 시에는 길거리에서 굶어 죽어 가는
사람들이 너무 많았어요.
그 할머니도 며칠 동안 아무것도 못 먹은 데다,
발을 헛디뎌 시궁창에 빠지는 바람에
온몸을 쥐에게 물어뜯긴 거였지요.

할머니를 치료한 뒤 데리고 온
수녀는 곰곰 생각을 해 봤어요.
'가난한 사람들이 길거리에서
짐승처럼 죽어 가게 내버려 둘 수는
없는 일이야. 죽어 가는 사람들이
잠시라도 머무를 곳이 필요해.'
테레사 수녀는 시청으로 찾아갔어요.

"가난한 사람들이 마지막 순간이라도
고통스럽지 않고 편안하게 보낼 수 있는 곳을
마련해 주세요. 부탁입니다."
그러자 시청 직원이 서류를 뒤적이다 말했어요.
"마침 비어 있는 힌두교 순례자 숙소가 있습니다.
낡긴 했지만 이곳을 쓰세요."
하지만 이 소식을 들은 힌두교 신자들은
화가 났어요.
"우리 인도 사람들에게 천주교를 퍼뜨리려고
하는 게 틀림없어."
힌두교 신자들은 숙소로 몰려와 테레사 수녀와
그곳에 묵는 사람들을 몰아내려고 했어요.
하지만 테레사와 다른 수녀들은 묵묵히
죽어 가는 사람들의 더러운 몸을 씻겨 주고,
상처를 치료하며 돌볼 뿐이었어요.

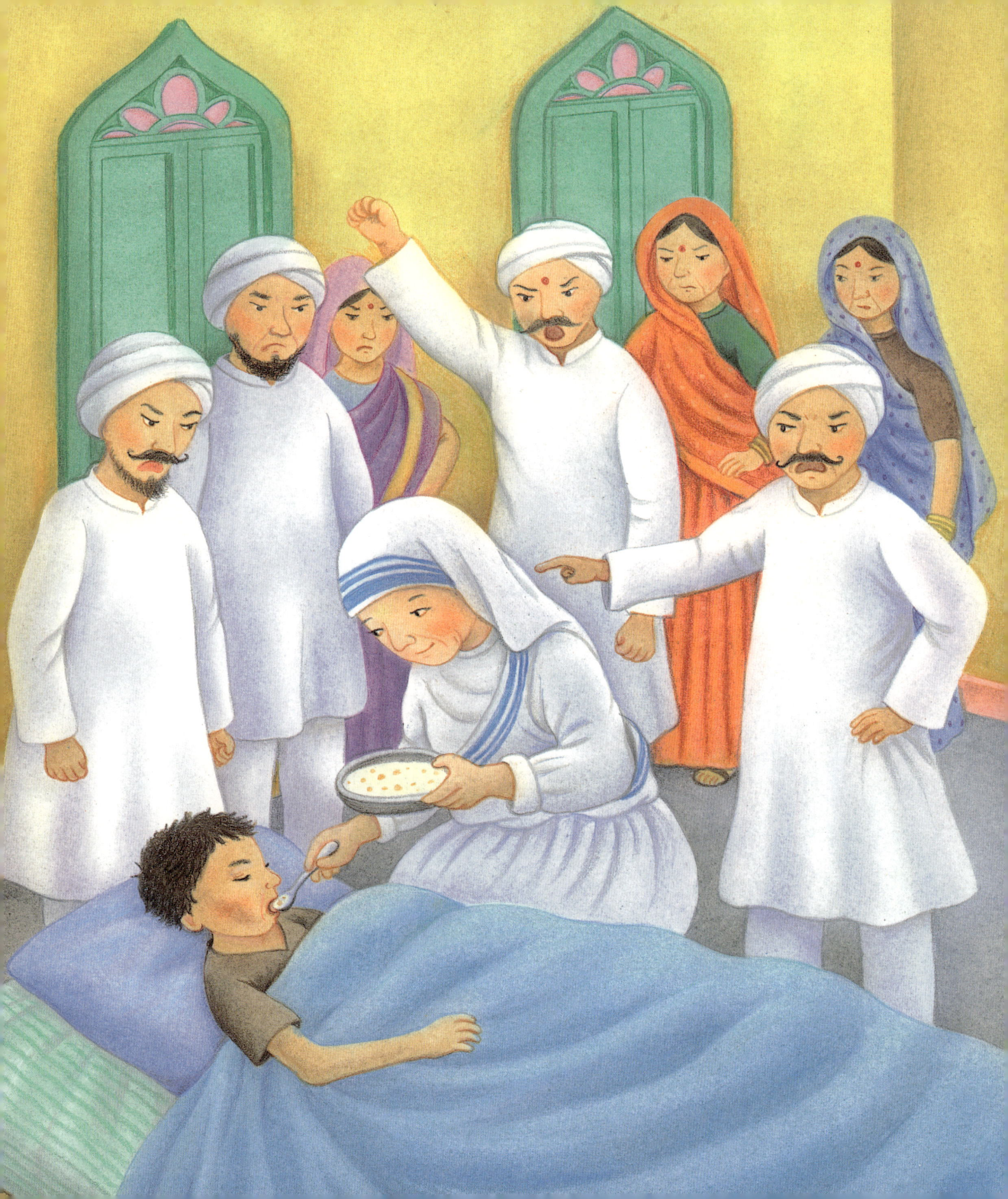

한참 동안 수녀들이 하는 일을 지켜보던
힌두교 신자들은 마침내 감동하고 말았어요.
어느 누구도 죽어 가는 사람들을 그토록
정성껏 돌보아 주는 모습을 보지 못했거든요.
테레사 수녀는 '마더 테레사'라고 불려요.
어머니 테레사라는 뜻이지요.
평생 동안 힘없고 가난한 사람들을 위해
몸 바쳐 일했기 때문이에요.

테레사 수녀는 부모를 잃은 아이들, 가난한 사람들,
죽음을 기다리는 사람들, 아픈 환자들을 돌보고
'사랑의 선교 수녀회'를 세웠어요.
수녀님이 죽고 난 후에도 사랑의 선교 수녀회는
인도뿐 아니라 전 세계 여러 나라에서
가난한 사람들을 돕는 활동을 하고 있답니다.

노벨상을 만든 발명가 노벨

"나도 아버지처럼 발명가가 되고 싶어!"
노벨은 오늘도 아버지의 공장에 있는 실험실에서
구경을 하느라 시간 가는 줄 몰랐어요.
노벨의 아버지는 군대에서 필요한 무기를 만드는
기술자이자 발명가였어요.
호기심 많은 노벨은 아버지의 공장을 구경하는 게
정말 재미있었어요.
하지만 행복한 생활도 잠시였어요.
전쟁이 끝나자 아버지의 무기 공장은
새로운 주문이 뚝 끊어졌어요.
게다가 공장에 불이 나 큰 빚까지 지게 되었지요.

어린 노벨은 무너진 집안을 다시 일으키기 위해
갖은 고생을 했지요.
'사람들을 편리하게 해 주는 물건을 발명할 거야.'
발명가가 꿈이었던 노벨은 사람들에게 도움이
될 만한 발명품을 만들려고 노력했어요.

무기를 만들어서 팔던 아버지 덕분에 노벨은
화약에 대해서는 누구보다 잘 알고 있었어요.
밤낮없이 연구를 거듭한 끝에 노벨은 기존의
화약보다 폭발력이 몇 배나 큰 화약을
만들어 냈어요.
하지만 화약은 너무 위험했어요.

어느 날, 노벨에게 큰 불행이 닥쳤어요.
동생 에밀이 실수로 화약을 터뜨려 폭발 사고로
죽고 만 거예요.
'아아! 내가 반드시 안전한 화약을 만들고 말거야!'
슬픔에 빠진 노벨은 굳게 다짐했어요.
노벨은 폭발하기 쉬운 액체 화약 대신 고체 화약을
만드는 데 성공했어요.

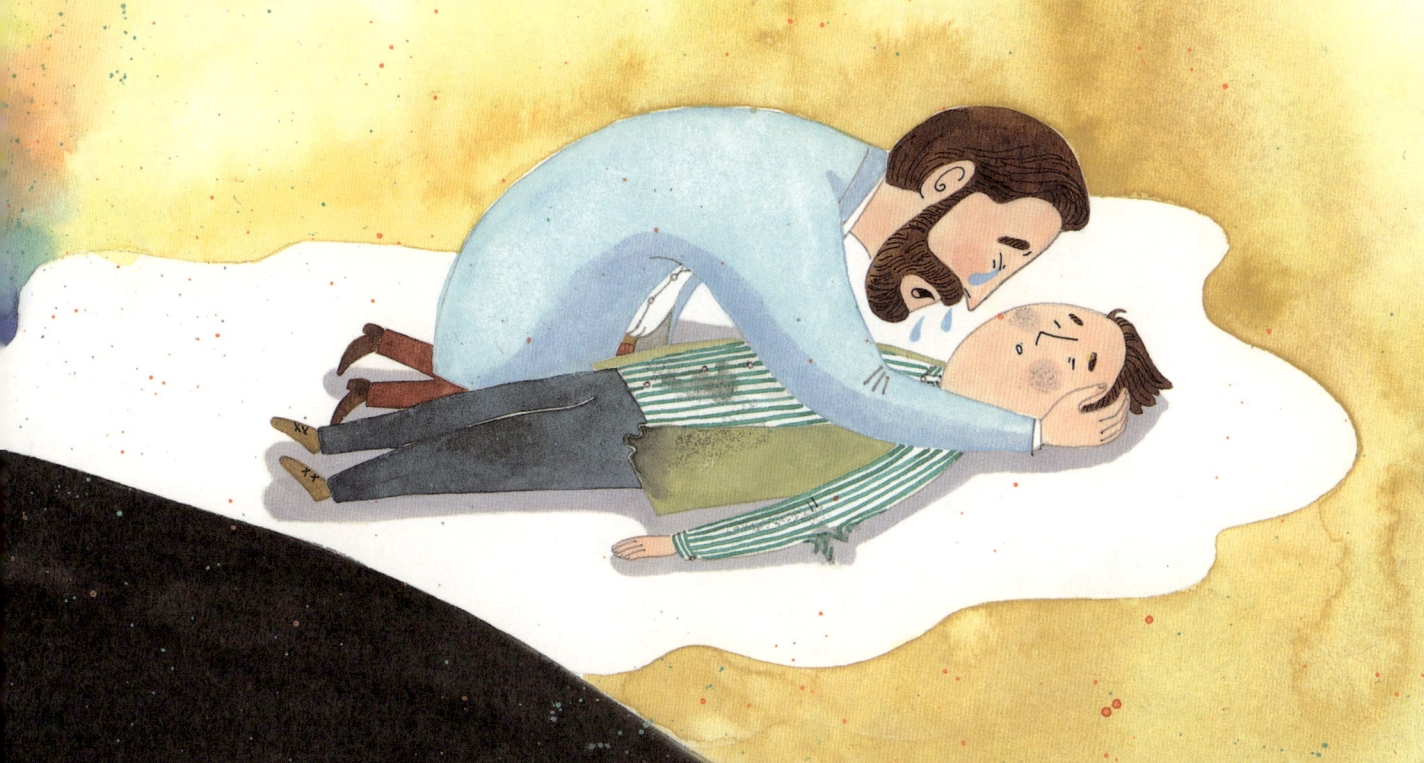

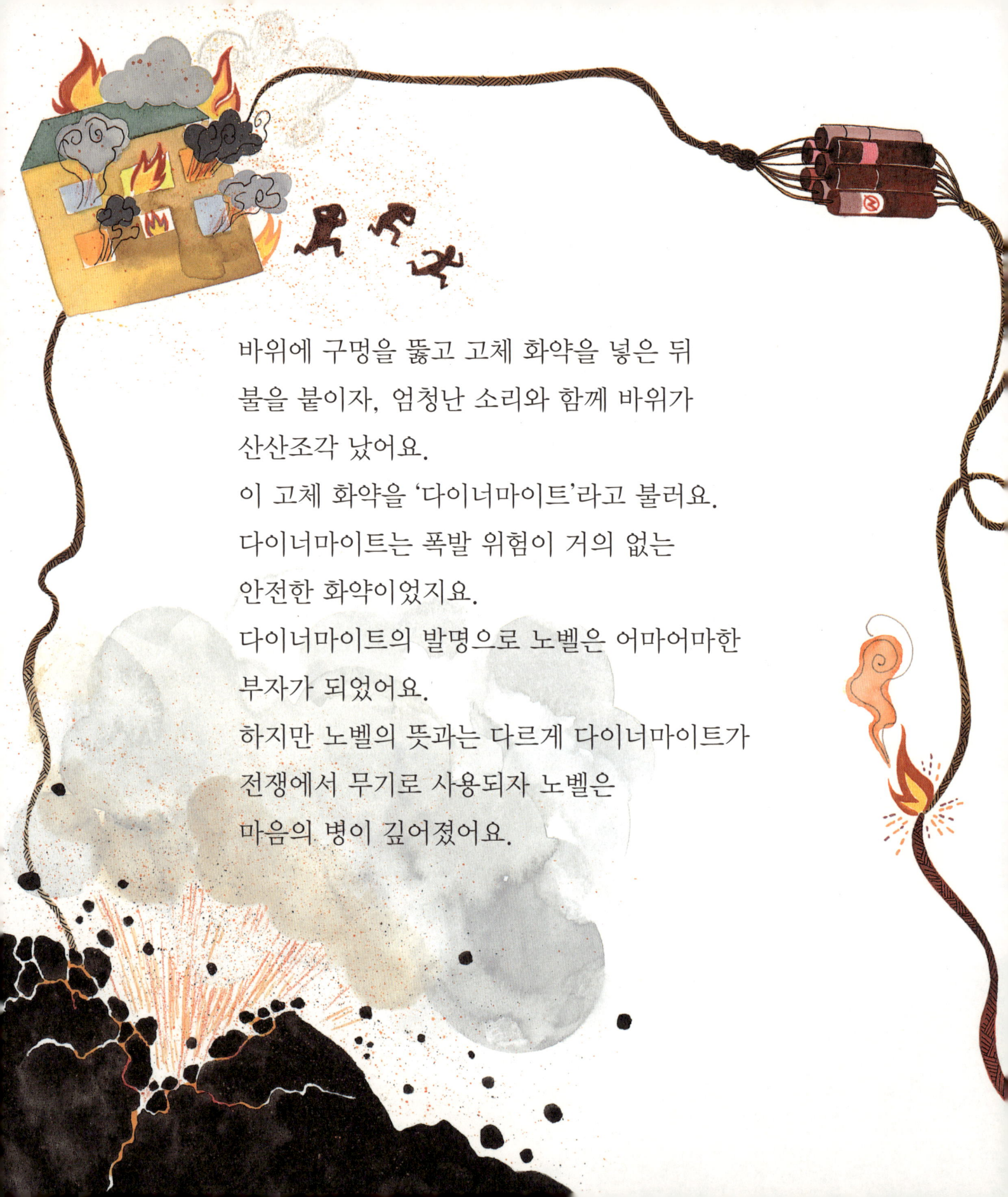

바위에 구멍을 뚫고 고체 화약을 넣은 뒤
불을 붙이자, 엄청난 소리와 함께 바위가
산산조각 났어요.
이 고체 화약을 '다이너마이트'라고 불러요.
다이너마이트는 폭발 위험이 거의 없는
안전한 화약이었지요.
다이너마이트의 발명으로 노벨은 어마어마한
부자가 되었어요.
하지만 노벨의 뜻과는 다르게 다이너마이트가
전쟁에서 무기로 사용되자 노벨은
마음의 병이 깊어졌어요.

죽음의 상인 알프레드 노벨 사망

그러던 어느 날, 신문을 보던 노벨은
커다랗게 찍힌 제목을 보고 깜짝 놀랐어요.
'죽음의 상인 알프레드 노벨 사망.'
실제로 죽은 사람은 노벨의 형인데,
기사가 잘못 실린 것이었어요.
하지만 노벨은 '죽음의 상인'이라는 말에
가슴이 너무나 아팠어요.

"사람들이 보다 편리하게 살도록 하기 위해
화약을 발명한 것이지, 사람을 죽이기 위해
발명한 게 아닌데!
하지만 내가 만든 화약이 전쟁에서 사람들을
죽였으니 틀린 말도 아니지."
노벨은 힘없이 중얼거렸어요.
노벨은 자신이 번 돈을 보람 있게 쓰는 방법을
오랫동안 고민했어요.

노벨은 고민 끝에 자신의 전 재산을 내놓아
'노벨상'을 만들었어요.
세계 평화를 위해, 편리하고 행복한 삶을 위해
노력한 사람들에게 주는 상이에요.
인류의 평화를 바라는 노벨의 마음이 담긴
노벨상은 오늘날 세계에서 가장 명예로운
상으로 불려요.

비행기를 발명한 라이트 형제

"와! 하늘 높이 올라가네!"
형 윌버와 동생 오빌이 신 나게 들판을
뛰어다니고 있었어요.
형제는 아버지가 사 준 장난감 헬리콥터를
하늘에 날리면서 놀고 있었어요.
고무줄을 감았다가 놓으면 고무줄이 풀리면서
날개가 빙글빙글 돌아가며 날아가는 장난감이에요.
형제는 이 헬리콥터를 '박쥐'라고 불렀지요.
"형, 사람이 하늘을 난다면 얼마나 좋을까!"
동생인 오빌이 말했어요.
"박쥐를 아주 크게 만들면 사람이 탈 수 있지
않을까?"

형 윌버가 눈을 반짝이며 대답했어요.
손재주가 좋은 형제는 커다란 헬리콥터 날개를
만들었어요.
그런데 무거워진 헬리콥터는 조금 떠오르다가도
금방 땅으로 처박히고 말았지요.
하지만 언젠가 꼭 하늘을 날겠다는 꿈은 형제의
마음속에서 사라지지 않았어요.

어느덧 윌버와 오빌은 어른이 되었어요.
형제는 힘을 합쳐 자전거 가게를 차렸어요.
둘은 무엇이든 뚝딱 고치는 재주가 있었거든요.
윌버와 오빌의 손을 거치면 고장 난 자전거도
말끔한 새 자전거로 변신할 뿐 아니라, 이전보다
더 빠르고 안전한 자전거가 되었지요.

덕분에 가게에는 손님이 끊이지 않았어요.
어느 날, 신문을 보던 형제는 독일의
오토 릴리엔탈이라는 사람이 글라이더를 만들어서
하늘을 나는 데 성공했다는 기사를 보았어요.
윌버와 오빌은 가슴이 두근거렸어요.
"이 사람이 성공했다면 우리도 할 수 있을 거야!"
"그래, 우리가 하늘을 나는 기계를 만들어 보자!"

윌버와 오빌은 그날부터 밤마다 가게 문을
닫고 나면 비행기를 만들기 위해 공부했어요.
처음에는 날개 길이가 1.5미터 정도인
작은 글라이더를 만들어 실험해 보았어요.
그리고 마침내 사람이 탈 수 있을 정도로
큰 글라이더를 만드는 데에도 성공했어요.
사람이 타고 균형을 잡으며 날 수 있었지요.
하지만 형제는 여기서 만족할 수 없었어요.
많은 사람을 태우고 멀리 날 수 있으려면
엔진의 힘으로 나는 동력 비행기를
만들어야 했지요.
형제는 수없이 만들고 실패하기를 거듭했어요.
"형, 비행기는 정말 못 만드는 걸까?"

실망한 오빌이 울상을 지으며 말하면,
"아니야, 좀 더 노력하면 만들 수 있어!"라고
형 윌버가 격려하면서 연구를 계속했어요.
마침내 어느 겨울날이었어요.

오빌이 탄 '플라이어호'가 우렁찬 엔진 소리를
내며 나아가기 시작했어요.
형 윌버는 떨리는 마음으로 플라이어호를
지켜봤어요.
활주로를 미끄러지던 바퀴가 땅에서 떠오르더니
마침내 플라이어호가 하늘로 날아올랐어요.
"와! 성공이다, 성공!"
비록 짧은 시간이었지만, 엔진의 힘으로
하늘을 나는 최초의 비행에 성공한 거예요.
거듭된 실패에도 포기하지 않고 도전한 형제는
마침내 하늘을 날고 싶은 꿈을 이루었어요.
라이트 형제는 그 후 비행기 회사를 세우고
더 발전된 비행기를 만들기 위해 연구했어요.

그 덕분에 오늘날 우리는 가장 빠른 교통수단인 비행기를 타고 전 세계의 하늘을 마음껏 누빌 수 있게 되었답니다.

노예를 해방한 링컨

"야, 끝났다! 이제 시내 구경이나 할까?"
배에 화물을 싣고 뉴올리언스에 도착한 링컨과
친구 앨린은 운반해 온 물건을 상인에게
파는 일을 방금 마쳤어요.
힘든 여행이 끝났으니 천천히 시내 구경을 하며
피로를 풀고 싶었지요.
링컨은 그때까지 뉴올리언스처럼 큰 도시를
한 번도 본 적이 없었어요.

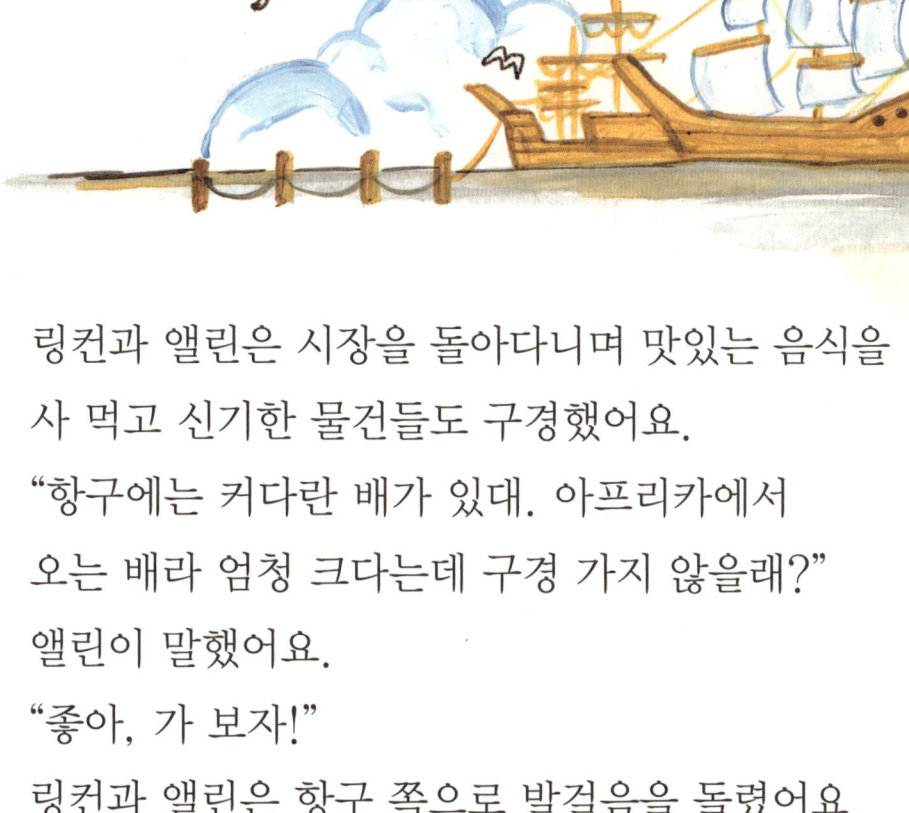

링컨과 앨린은 시장을 돌아다니며 맛있는 음식을
사 먹고 신기한 물건들도 구경했어요.
"항구에는 커다란 배가 있대. 아프리카에서
오는 배라 엄청 크다는데 구경 가지 않을래?"
앨린이 말했어요.
"좋아, 가 보자!"
링컨과 앨린은 항구 쪽으로 발걸음을 돌렸어요.

그런데 항구 한쪽에 많은 사람들이 모여
웅성거리고 있었어요.
무슨 일인지 호기심이 생긴 링컨과 앨린은
사람들 사이를 파고들었어요.
그런데 가까이 다가가 보니, 몸에 옷도 제대로
걸치지 못한 흑인들이 쇠사슬에 묶인 채
줄지어 서 있는 것이 보였어요.
"지금 여기서 뭐 하는 거예요?"
링컨은 옆에 있는 상인에게 물어보았어요.

"이 친구들, 멀리서 왔나 보군.
여긴 노예 시장이오. 지금 막 아프리카에서
실려 온 노예들을 내다 팔고 있는 거요."
노예를 사려는 사람들은 줄지어 서 있는
흑인들에게 다가가 여기저기를 살폈어요.
마치 가축을 살 때 살피듯이 팔을 들어 보기도 하고
엉덩이를 만져 보기도 했지요.

"아니, 아직 어린아이도 있잖아!"
흑인 노예들 사이에는 아직 열 살도 채 안 되어 보이는 어린아이도 있었어요.
"세상에! 어떻게 사람이 사람을 사고팔 수 있단 말인가! 하늘이 무섭지 않은 걸까?"
링컨은 몹시 가슴이 아팠어요.
흑인도 백인과 똑같은 사람인데 짐승처럼 취급하는 게 견딜 수 없이 괴로웠지요.

링컨은 이때 마음속으로 굳게 다짐했어요.
'내가 반드시 노예 제도를 없애고 노예들을
자유롭게 만들 거야!'
링컨은 정직하고 성실할 뿐 아니라,
사람들 앞에서 말하는 재주도 뛰어났어요.
그는 가난해서 학교도 제대로 다니지 못했지만
열심히 공부하여 변호사가 되었고, 마침내
미국을 대표하는 연방 의회의 의원이 되었어요.

링컨은 곳곳을 돌며 노예 해방을 호소했어요.
"모든 사람은 평등합니다.
노예 제도는 반드시 없어져야 합니다!"
미국 남부 사람들은 노예 제도를 없애자고
주장하는 링컨을 싫어했어요.
하지만 링컨은 결국 남부의 반대를 물리치고
미국의 제 16대 대통령이 되었어요.

얼마 후 남북 전쟁이 일어났어요.
링컨은 남과 북으로 나뉘어 싸우는 나라를
통합하고, 흑인 노예 제도를 폐지했어요.
노예들은 드디어 자유의 몸이 되었지요.
미국이 오늘날처럼 강대국으로
발전하고, 자유로운 나라가 된 것은
링컨이 있었기 때문이에요.
그는 지금도 미국 역사상 가장
훌륭한 대통령으로 꼽힐 만큼
존경 받고 있답니다.

라듐을 발견한 마리 퀴리

낡은 천장에서 빗물이 똑똑 떨어졌어요.
마리와 피에르 퀴리 부부는 비가 새는 것에
아랑곳하지 않고 실험에만 몰두하고 있었어요.
마리는 남편인 피에르와 함께 새로운 물질을
연구하는 중이었어요.
벌써 몇 년째였지요.
가난한 퀴리 부부는 제대로 된 실험실을 빌릴
돈이 없었어요.

부부는 낡은 창고를 빌려 실험실로 사용했지요.
실험실은 겨울에는 몹시 춥고, 비가 오는 날이면
천장에서 빗물이 줄줄 새기 일쑤였어요.
하지만 퀴리 부부는 실험을 할 수 있다는
것만으로도 행복했어요.

어느 날 밤, 마리와 피에르는 실험 결과를 보러
여느 때처럼 실험실로 향했어요.
그런데 먼저 문을 열고 들어가려던 마리가
걸음을 멈추며 말했어요.
"여보, 불 켜지 말아요! 저길 보세요!"
어둠 속에서 무언가가 푸르스름한 빛을
내고 있었어요.
바로 퀴리 부부가 몇 년 동안이나 실험을
거듭하며 연구하던 '라듐'이었지요.
"성공이에요, 여보!"
퀴리 부부는 얼싸안고 감격의 눈물을 흘렸어요.
라듐은 깜깜한 곳에서도 스스로 빛을 내는
물질이에요.
이렇게 스스로 빛을 내는 힘을 방사능이라 하고,
그 빛은 방사선이라 하지요.

라듐을 처음으로 추출해 낸 퀴리 부부는
유명해졌어요.
라듐은 암 치료에 효과가 있다는 것이 밝혀졌고,
라듐으로 만든 화장품도 불티나게 팔렸어요.
사람들은 이제 퀴리 부부가 부자가 될 거라며
부러워했어요.

어느 날 피에르가 마리에게 말했어요.
"여보, 우리가 발견한 라듐을 특허 등록하는
것이 어떻겠소? 그러면 특허 사용료를 받아서
실험실도 좋은 곳으로 옮길 수 있고
훨씬 편하게 연구할 수 있을 것 같은데 말이오."
그러자 마리가 조심스럽게 대답했어요.
"여보, 우리가 연구를 하는 것은 사람들을
편리하게 살도록 하기 위해서지, 돈을 벌기
위해서가 아니잖아요.
우리가 라듐을 발견했다고 해서 라듐이
우리의 것은 아니라고 생각해요.
누구나 라듐에 대해 연구하고 발전시킬 수
있도록 특허 등록은 하지 않는 게 좋겠어요."
피에르는 고개를 끄덕였어요.
"당신의 뜻에 따르리다."

마리와 피에르는 라듐을 발견한 이후에도
여전히 초라한 실험실에서 연구에 매달렸어요.
어느 날, 한 통의 편지가 실험실로 날아들었어요.
'마리 퀴리와 피에르 퀴리, 두 사람은 올해의
노벨 물리학상 수상자로 결정되었습니다.'
남편인 피에르와 공동 수상이긴 했지만, 마리는
여성으로서 최초로 노벨상을 받게 되었어요.

피에르가 사고로 세상을 떠난 후에도
마리는 라듐 연구에 평생을 바쳤어요.
그리고 두 번째 노벨상을 받는 영광을 누렸어요.
그 당시 사람들은 여자는 과학자가 될 수
없다고 생각했어요.
하지만 마리는 어떤 어려움 앞에서도
꿈을 포기하지 않았어요.
그리고 누구도 해내지 못한 업적을 이룬
위대한 과학자가 되었지요.
여성으로서 노벨상을 두 번이나 받은 과학자는
지금까지도 마리 퀴리 한 사람뿐이랍니다.

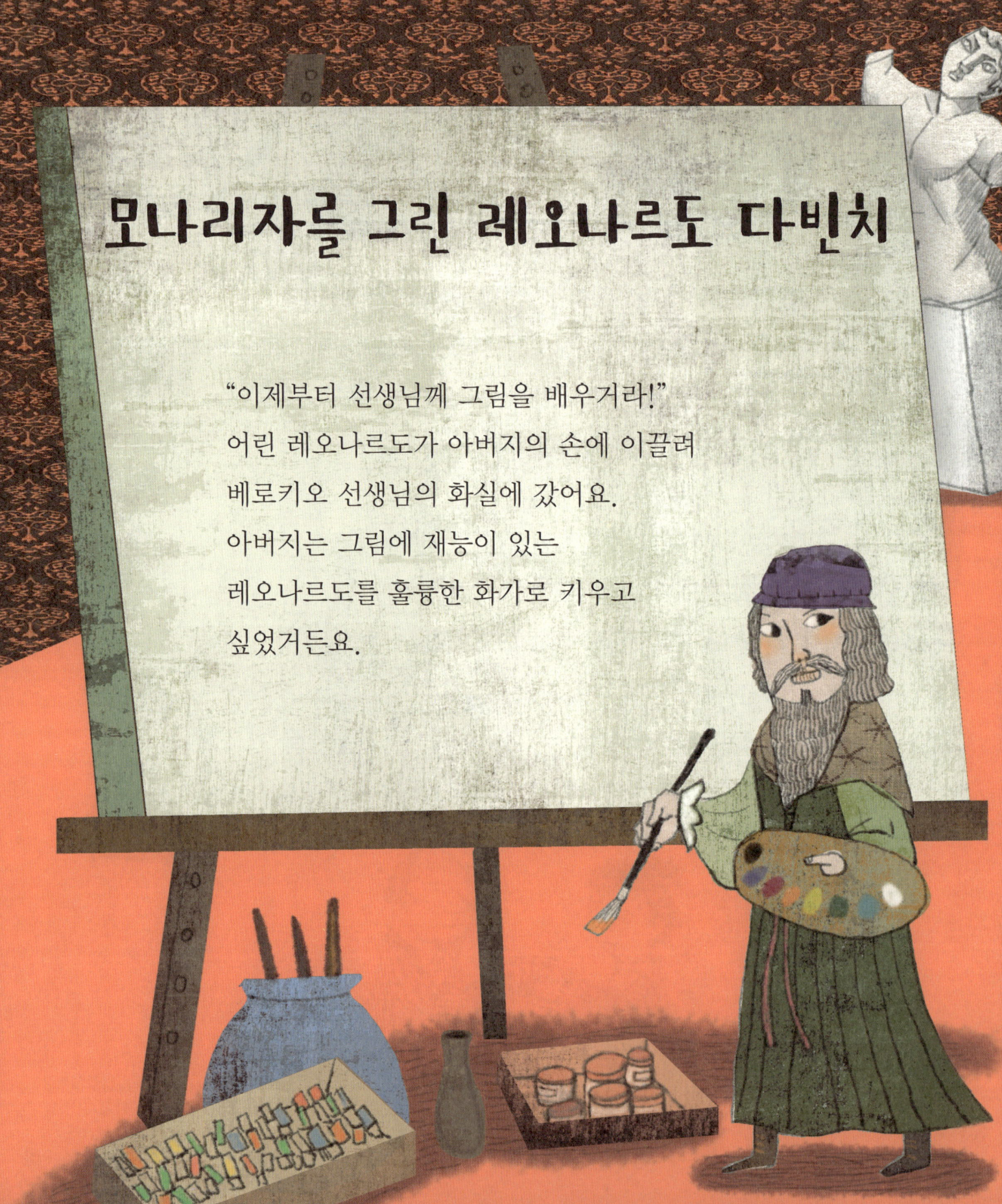

모나리자를 그린 레오나르도 다빈치

"이제부터 선생님께 그림을 배우거라!"
어린 레오나르도가 아버지의 손에 이끌려
베로키오 선생님의 화실에 갔어요.
아버지는 그림에 재능이 있는
레오나르도를 훌륭한 화가로 키우고
싶었거든요.

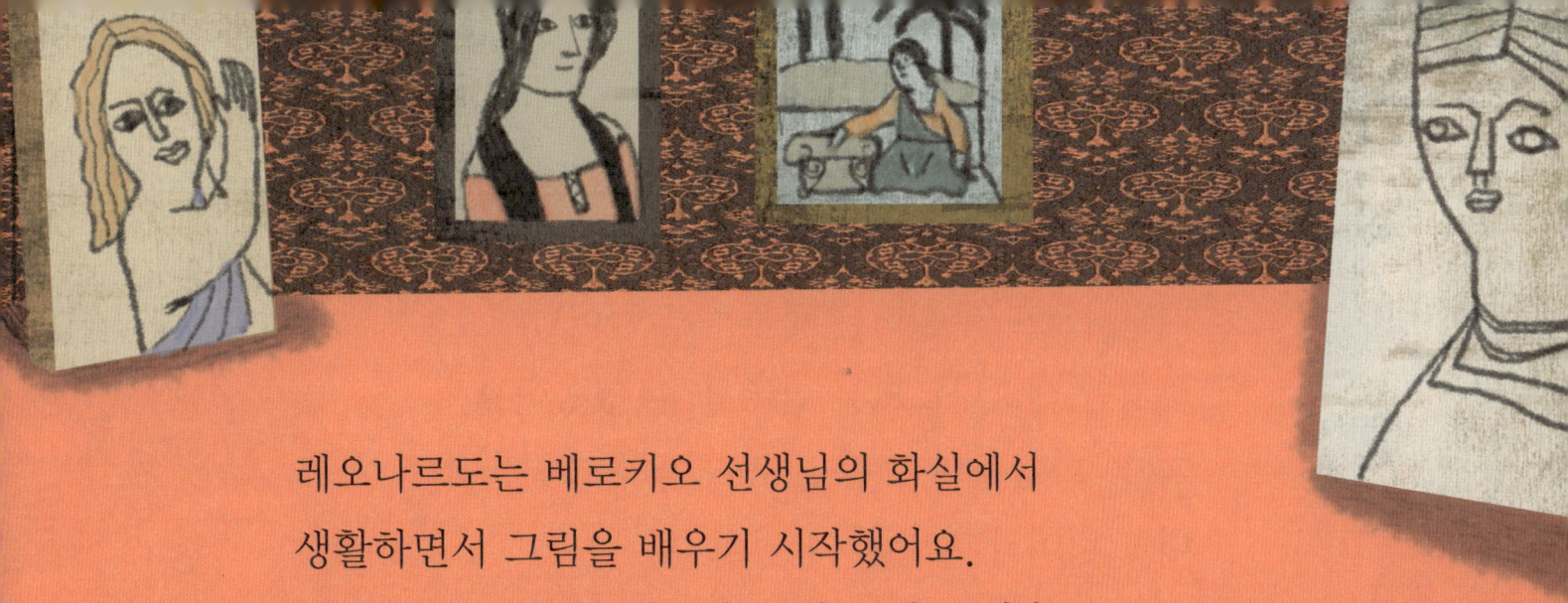

레오나르도는 베로키오 선생님의 화실에서
생활하면서 그림을 배우기 시작했어요.
레오나르도는 베로키오가 그림 그리는 것을
어깨너머로 지켜보며 많은 것을 배웠어요.
"물감을 칠할 때 붓은 저렇게 움직이는구나!
멀리 있는 것은 작게 그리고 가까이 있는 걸
크게 그리면 마치 진짜처럼 보이는구나!"

레오나르도의 실력은 하루하루 늘어났어요.
하지만 레오나르도는 만족할 수 없었어요.
"다른 화가들의 그림을 보고 따라 그리는 건
내 그림이라고 할 수가 없어.
나만의 방법으로 그림을 그려야 해!"
레오나르도는 자기만의 독특한 그림을
그리기 위해 끊임없이 노력했어요.

레오나르도는 어느덧 베로키오 선생님을
뛰어넘는 그림 실력을 갖추게 되었어요.
레오나르도는 그림만 잘 그린 것이 아니었어요.
음악, 과학, 건축, 천문학 등 여러 가지 분야에
관심을 갖고 공부했지요.
사람을 생생하고 자연스럽게 그리기 위해
죽은 사람을 해부하면서 뼈와 근육에 대해서
연구하기도 했어요.

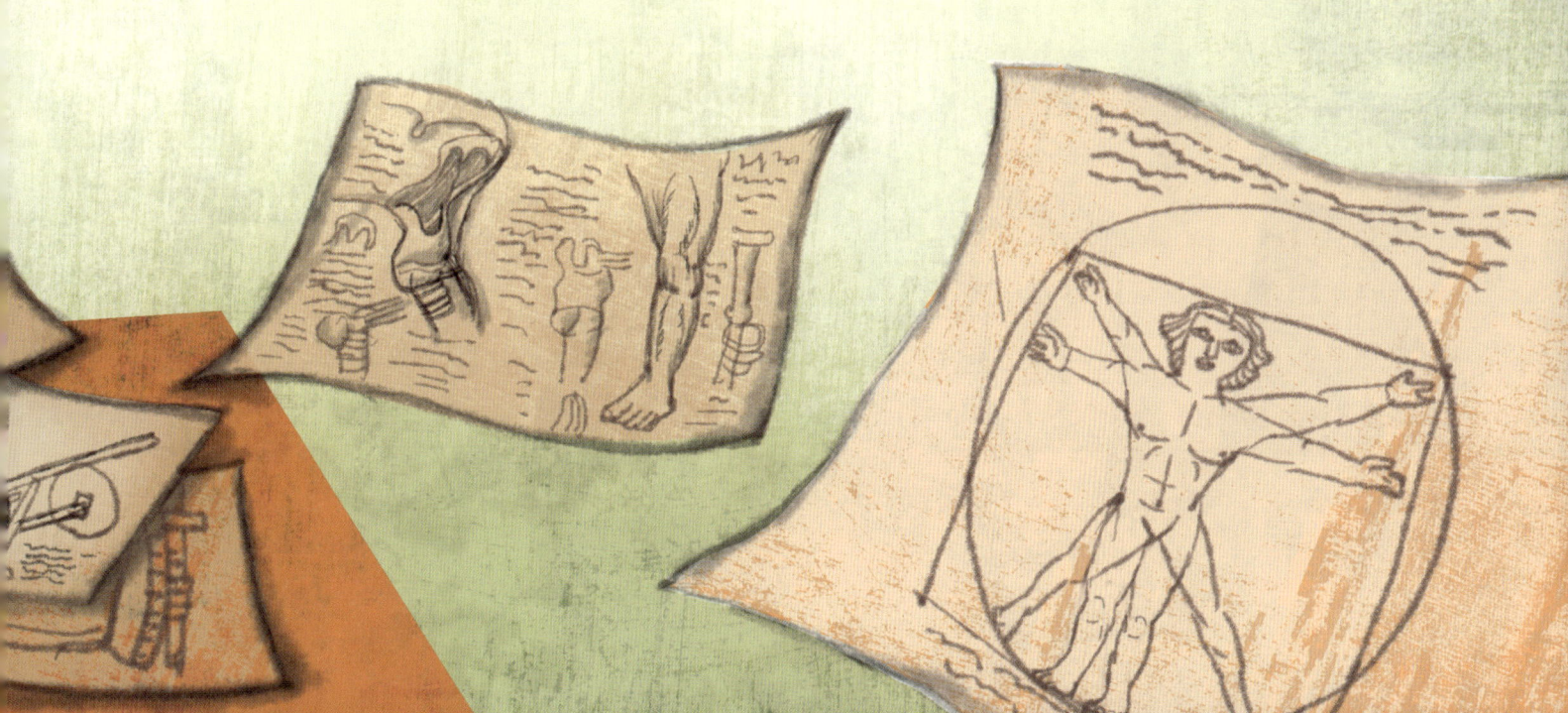

어느 날, 레오나르도는 성당 벽에 그림을
그려 달라는 부탁을 받았어요.
예수님이 십자가에 못 박히기 전, 열두 제자와
함께 저녁을 먹는 장면인 '최후의 만찬'을
그려 달라는 것이었지요.
레오나르도는 무려 삼 년 동안 그림을 그려서
벽화를 완성했어요.
레오나르도의 '최후의 만찬'은 그때까지의
다른 화가들의 그림과는 전혀 달랐어요.

다른 화가들은 예수와 제자들을
거룩한 천사의 모습으로 엄숙하게 그렸지만,
레오나르도의 그림에서는 마치 살아 숨쉬는
것처럼 표정이 생생했거든요.
"이토록 살아 움직이는 듯한 그림은 처음이야!"
사람들은 그림 앞에서 떠날 줄을 몰랐어요.
그로부터 몇 년이 지난 어느 날이었어요.
한 부유한 상인이 레오나르도에게 부인의 초상화를
그려 달라고 부탁을 해 왔어요.

레오나르도는 그동안 쌓아 온 자신의 모든 힘을
쏟아부어 초상화를 그리기 시작했어요.
어느덧 사 년의 시간이 흘렀어요.
마침내 우아한 미소를 띤 부인의 초상화가
완성되었어요.
이 그림이 바로 '모나리자'예요.
모나리자는 웃을 듯 말 듯한 신비로운 미소로
유명한 작품이지요.
레오나르도 다빈치는 평생 동안 아주 많은
작품을 그리진 않았지만, 걸작으로 꼽힐 만큼
훌륭한 작품들을 여럿 남겼어요.
그가 남긴 작품들은 지금도 보는 사람의 마음에
깊은 감동을 전해 주고 있답니다.

참된 교육을 실천한 페스탈로치

"영감님, 지금 뭐 하시는 겁니까?"
경찰관이 의심스런 눈초리로 다가왔어요.
경찰관은 아까부터 길모퉁이에 서서 할아버지를
지켜보고 있었어요.
할아버지는 주변을 두리번거리며 걸어가다가,
가끔씩 허리를 굽혀 땅에서 무언가를 주워서
주머니에 집어넣곤 했어요.

그 모습이 어딘지 수상쩍어 보였지요.
"아! 별거 아닙니다."
할아버지는 얼굴을 붉히면서 주춤주춤
뒤로 물러섰어요.
그러자 경찰관은 더욱 의심스럽다는 듯
할아버지의 팔을 붙잡으며 다그쳤어요.
"왜 숨기려고 하시는 거지요?
주머니에 든 게 뭔지 확인해 봐야겠습니다."

경찰관은 할아버지의 주머니에 손을 집어넣었다가
화들짝 놀라면서 손을 뺐어요.
"아얏!"
경찰관은 화가 나서 할아버지에게 소리쳤어요.
"대체 이게 뭡니까? 바닥에 쏟아 보세요!"
할아버지는 할 수 없이 주머니 속에 든 것을
땅바닥에 와르르 쏟아부었어요.

그런데 주머니 속에서 나온 것은 녹슨 못과
유리 조각들이었어요.
경찰관은 할아버지의 주머니에서 위험한 물건이
나올 거라고 생각했다가 의외의 물건이 나오자
고개를 갸웃거리며 물었어요.
"아니, 왜 이런 걸 주머니에 넣고 계십니까?"
그러자 할아버지가 주위에서 놀고 있는 아이들을
손으로 가리키며 말했어요.
"저 아이들을 보십시오!"
할아버지가 가리킨 곳에는 가난한 아이들이
신발조차 신지 못한 채 맨발로 뛰어다니고
있었어요.

"맨발인 아이들이
유리 조각이나 못을
밟으면 아주 위험하다오."
할아버지가 빙그레 웃으면서
말했어요.

할아버지는 아이들이 마음 놓고 뛰놀 수 있도록
길바닥에 있는 유리 조각이나 못들을 하나하나
줍고 다녔던 것이었어요.

미안한 마음이 든 경찰관은 얼굴이 벌겋게
달아올랐어요.

"제가 무례를 범했군요. 용서해 주십시오."
경찰관은 몇 번이나 사과하고 그 자리를 떠났어요.
아이들을 위해 유리 조각을 줍던 할아버지는 바로
페스탈로치였어요.

그 당시에는 돈 많은 귀족의 아이들만 제대로
학교를 다니며 교육을 받았어요.
가난한 집 아이들은 학교조차 가기 힘들었지요.
페스탈로치는 가난한 아이들도 마땅히 교육을
받아야 한다고 생각했어요.
그래서 그는 부모가 없는 아이들이나 가난한
아이들을 모아서 가르치는 데 정성을 기울였어요.

페스탈로치는 새로운 방법으로 아이들을 가르친 선생님이기도 했어요.
페스탈로치는 항상 이런 말을 했어요.
"너희들이 본 것 중에서 궁금한 것은 무엇이든 물어보거라. 찢어진 벽지, 구멍, 창밖에 있는 나무든 어떤 것이라도 좋다."
그동안 아이들은 공부가 딱딱하고 지겨운 것, 억지로 외우는 것이라고만 생각했어요.

하지만 페스탈로치 선생님을 만나고부터는
학교가 신 나는 놀이터가 되었지요.
페스탈로치는 무조건 외우게 하지 않고,
아이들이 직접 사물을 만져 보고 느끼면서
배우게 했어요.
평생 동안 가난한 아이들을 가르치며
참된 교육을 실천한 페스탈로치는
'고아의 아버지'라 불리고 있답니다.

장애를 이겨 낸 헬렌 켈러

"으으……어어어!"
심술이 난 헬렌이 온 방 안의 물건을 집어던지며
떼를 쓰고 발버둥을 쳤어요.
"아아, 헬렌! 그러면 안 돼."
헬렌의 부모님은 어쩔 줄 몰랐어요.
헬렌은 아기 때 심한 병을 앓고 난 후,
눈도 보이지 않고 귀도 들리지 않게 되었어요.
그러니 말하는 법을 배울 수도 없었지요.

헬렌은 손짓 발짓으로 자신이 원하는 것을
이야기했지만, 사람들은 헬렌이 무엇을
원하는지를 잘 알 수 없었어요.
그때마다 헬렌은 화가 나서 마구
성질을 부렸어요.
부모님은 헬렌이 가엾어서
쉽게 꾸짖지 못했고, 헬렌은
점점 제멋대로인 아이가
되어 버렸어요.

"헬렌을 가르쳐 줄 선생님을 모셔 와야겠어."
부모님은 보고 듣지 못하는 아이들을 가르치는
퍼킨스 학교에 헬렌을 위한 가정 교사를
보내 달라고 부탁했어요.
그래서 헬렌은 설리번 선생님을 만나게
되었어요.
헬렌이 바닥을 데굴데굴 구르며 떼를 써도,
설리번 선생님은 꿈쩍도 하지 않고
헬렌이 스스로 버릇을 고치도록 기다렸어요.
고집쟁이 헬렌은 점점 달라지기 시작했어요.
선생님을 좋아하고 따르게 된 거예요.
설리번 선생님은 헬렌이 어떤 물건에 관심을
보일 때마다 손바닥에 그 이름을 써 주었어요.
하지만 헬렌은 선생님이 손바닥에 써 준 것이
무슨 뜻인지 여전히 몰랐지요.

어느 날, 설리번 선생님은 펌프로 물을 퍼 올려서
헬렌의 손에 물줄기를 끼얹었어요.
그러고는 헬렌의 손바닥에 '물'이라고 썼어요.
헬렌의 입가에 미소가 떠올랐어요.
'물'이라는 글자가 손바닥에 닿는 차가운 물을
뜻한다는 걸 비로소 알게 된 거예요.
그날 이후 헬렌은 모든 사물에 이름이 있다는 것을
알게 되었어요.
설리번 선생님은 헬렌이 직접 손으로 더듬거나
냄새를 맡아서 사물을 느끼게 한 뒤, 손바닥에
글자를 써서 이름을 가르쳐 줬어요.
헬렌은 손가락으로 더듬어 읽는 문자인 점자를
익혀 책도 읽을 수 있게 되었지요.

헬렌은 풀러 선생님을 만나 말하는 법도 배웠어요.
선생님이 단어를 말하면 헬렌은 선생님의 얼굴을
더듬어 입과 혀의 위치를 기억하고 그대로
흉내 내어 소리를 내려고 애썼어요.
그러고는 수백 번, 수천 번이나 되풀이했지요.
힘든 노력 끝에 헬렌은 완벽하지는 않지만
조금씩 소리 내어 말을 할 수 있게 되었어요.

어느덧 헬렌은 대학에 입학했어요.
그 당시에는 여자가 대학을 가는 경우가 드물었어요.
게다가 보지도 듣지도 못하는 헬렌에게는
더욱 어려운 일이었지요.
하지만 헬렌은 설리번 선생님의 도움을 받아
누구보다 열심히 공부했어요.
그리고 마침내 우수한 성적으로 대학을 졸업했어요.

헬렌의 이야기는 세상에 알려져 많은 사람들의
관심을 받게 되었어요.
'나처럼 장애를 가진 사람이 보통 사람처럼
살아갈 수 있도록 도와야겠어.'
이렇게 결심한 헬렌은 곳곳을 돌며 강연을 하고,
힘없는 사람들을 위해 기부 활동을 했어요.
보고 듣지 못하는 아이들이 학교에 다닐 수
있도록 돕기도 했지요.

헬렌은 비록 보지도 듣지도 못했지만,
몸이 불편한 사람들도 열심히 노력하면 뭐든지
해낼 수 있다는 것을 보여 주었어요.
장애를 이겨 내고 씩씩하게 살아가는 헬렌의
모습은 사람들에게 큰 감동을 주었고, 사람들의
마음속에 희망의 빛을 밝혀 주었답니다.

흑인의 지도자 마틴 루서 킹

어느 날, 미국의 앨라배마 주에서 로자 파크스라는
흑인 아주머니가 버스를 타고 집으로 가고 있었어요.
버스에는 흑인과 백인의 자리가 따로 있었어요.
흑인이라는 이유로 차별 받던 시절이었거든요.

로자 아주머니는 흑인들을 위한 뒷좌석에
앉아 있었어요.
그런데 한 백인 남자가 로자 아주머니에게
다가와 말했어요.
"어이, 아줌마! 자리 좀 비켜 줘요."
하지만 로자 아주머니는 자리를 양보하지
않았어요. 비켜야 할 이유가 없으니까요.
그러자 버스 안에 있던 다른 백인들이
로자 아주머니에게 마구 욕을 퍼부었어요.
"검둥이 주제에, 어서 일어나지 못해!"
백인 버스 기사의 신고로 로자 아주머니는
경찰에 체포되고 말았어요.
버스에서 백인에게 자리를 양보하지 않았단
이유로요.

이 소식이 알려지자 미국의 흑인 시민들은 크게
화가 났어요.
흑인 지도자들은 모여서 회의를 열었어요.
이 회의를 연 사람은 바로 마틴 루서 킹 목사였어요.
킹 목사는 흑인을 차별하는 나쁜 제도에 맞서
흑인들을 위해 앞장서 일하는 사람이었어요.
"더 이상 참을 수 없습니다.
백인들과 맞서 싸웁시다!"
흑인들은 머리끝까지 화가 나서 소리쳤어요.
이때 킹 목사가 사람들을 진정시키며 말했어요.
"아무리 억울해도 폭력을 사용해선 안 됩니다.
버스 타지 않기 운동을 펼칩시다!"
"좋아요. 평화롭게 저항하는 방법이군요.
흑인들이 버스를 타지 않으면 백인들의
버스 회사가 망하고 말 테니까요."
모두가 킹 목사의 의견에 찬성했어요.

다음 날부터 흑인들이 모인 곳에 종이가
뿌려졌어요.
'월요일부터 버스를 타지 맙시다!'
사실 흑인들은 그동안 차별 받고 괴로워도
묵묵히 참고 견딜 뿐이었어요.
그래서 킹 목사는 버스 타지 않기 운동이
성공할 수 있을지 걱정이 되었어요.
하지만 흑인들이 힘을 모아 반드시
해낼 거라고 믿어 보기로 했지요.

드디어 월요일 아침, 킹 목사는 정류장에서
첫 버스를 기다렸어요.
이른 시간이라 바깥은 아직 어둑했지만,
평소 첫차는 흑인들로 가득 차곤 했었어요.
그런데 버스는 텅 비어 있었어요!
"오! 성공이야!"
다음 버스도, 그다음 버스도 마찬가지로
텅텅 빈 채로 지나갔어요.

그날부터 흑인들은 회사나 학교를 걸어서
다녔어요.
비가 오는 날에도, 눈이 오는 날에도
흑인들은 흔들리지 않고 마음을 모아
버텨 나갔지요.
그렇게 무려 일 년이 넘는 시간이 흘렀어요.

그동안 킹 목사는 백인들로부터 욕설과 협박이
담긴 편지를 받기도 하고, 경찰에 체포되기도
했어요.
하지만 그럴수록 흑인들은 킹 목사를 중심으로
더욱 똘똘 뭉쳤어요.
마침내 킹 목사와 흑인들은 버스에서 흑인과
백인을 차별하지 못하게 하는 법을 이끌어 냈어요.
폭력을 사용하지 않고도 얻어 낸 값진 결과였지요.

킹 목사는 흑인이 백인과 같은 권리를 찾을 수 있도록 계속 함께 행진하고, 함께 기도했어요.
흑인들은 때로는 감옥에 갇히고, 폭행을 당하기도 했지만 포기하지 않았어요.
"나에게는 꿈이 있습니다. 흑인 어린이들과 백인 어린이들이 함께 손을 맞잡을 날이 오리라는 꿈이 있습니다!"
킹 목사의 연설은 사람들의 가슴을 울렸어요.
십 년이 지난 뒤, 마침내 흑인과 백인의 차별 정책은 막을 내렸어요.
킹 목사는 노벨 평화상을 받았어요.

폭력이 아니라 사랑으로 맞서 싸우라는
가르침이 전 세계를 감동시킨 것이지요.
하지만 여전히 킹 목사를 싫어하는
백인들도 있었어요.
킹 목사는 안타깝게도 총에 맞아 세상을
떠나고 말았어요.
하지만 피부색에 따라 사람을 차별하지
않는 세상을 꿈꾸었던 마틴 루서 킹 목사의
꿈은 이루어졌어요.
그가 흑인들의 마음속에 심어 준
희망과 용기 덕분이지요.

침팬지의 친구 제인 구달

"난 둘리틀 박사님처럼 되고 싶어!
언젠가 꼭 아프리카에 가서 동물들과
친구가 될 거야!"
꼬마 제인은 입버릇처럼 이렇게 말하곤 했어요.
도서관에서 빌린 〈둘리틀 박사 이야기〉가 마음에
쏙 들었기 때문이에요.

동화 속 주인공인 둘리틀 박사님은 동물들의 말을
알아듣고 이야기도 나눌 수 있었거든요.
제인은 동물을 너무나 좋아했어요.
마당에서 기르는 닭이나, 진흙탕을 기어 다니는
지렁이, 숲에서 잡아 온 달팽이까지 친구로 삼고
말을 걸곤 했지요.

제인은 어려운 형편 탓에 대학도 가지 못했어요.
하지만 열심히 일을 해서 돈을 모아 마침내
아프리카로 갔어요. 동물들과 친구가 되려는 꿈을
이루기 위해서 말이에요.
아프리카에 도착한 제인은 사자, 코뿔소, 기린 등
꿈에 그리던 동물들을 만날 수 있어서 행복했어요.

그리고 어느 날, 침팬지를 만났답니다.
침팬지는 그 당시 잘 알려지지 않은 동물이었어요.
덩치도 크고 무섭게 생긴 데다, 웬만해서는
사람 근처에 오지 않으려고 해서 학자들이
침팬지를 연구하기 어려웠거든요.
하지만 제인은 침팬지가 마음에 들었어요.
그리고 침팬지들과 친해지려고 애를 썼어요.

제인은 침팬지들에게 이름도 지어 주었어요.
"데이비드, 넌 이름이 데이비드야!"
제인은 야자나무에 매일 야자를 따러 오는
침팬지에게 데이비드란 이름을 지어 주었어요.
제인은 매일 손에 바나나를 든 채로 데이비드를
기다렸어요.

어느 날, 데이비드가 제인의 손에 올려놓은
바나나를 조용히 집어서 가져갔어요.
"됐어! 성공이야!"
제인은 감격에 겨워 중얼거렸어요.
데이비드가 제인을 친구로 받아들인 거예요.
그날 이후, 제인은 침팬지들과 스스럼없는
친구 사이가 되었어요.

제인은 침팬지들과 자연스럽게 어울리면서
그들을 관찰했어요.
그 결과 침팬지가 사람과 비슷한 점이
아주 많다는 걸 알게 되었지요.
제인은 침팬지들이 행복해 하고, 화를 내고,
때로는 성질을 부리는 모습을 관찰했어요.
가족끼리 다정하게 서로 껴안고 뽀뽀를 하는
모습도 보았지요.
제인은 침팬지들이 흰개미를 잡기 위해
나뭇가지로 구멍을 파는 모습도 관찰했어요.
동물이 사람처럼 도구를 사용한다는 사실을
제인이 발견하기 전까진 아무도 몰랐답니다.
제인의 발견은 세상을 깜짝 놀라게 했어요.
남자들도 하기 힘든 일을 여자 혼자 아프리카에
가서 해냈으니까요.

한편 제인은 아프리카 곳곳에서 숲이 파괴되고,
동물들이 사냥 당하고, 실험용으로 마구 잡혀가는
것을 안타깝게 생각했어요.
그래서 제인은 전 세계를 돌아다니며 숲을
보호하고, 동물들을 도와 달라고 부탁했어요.

제인은 아프리카에 가서 동물들과 친구가 되고
싶다는 어릴 적 꿈을 이루었어요.
어떤 어려움이 있어도 포기하지 않고, 꿈을 향한
용기와 희망을 잃지 않았기 때문이에요.
침팬지 박사 제인은 지금도 세계 곳곳을
돌아다니며 생명의 소중함을 알리고, 환경을
보호하는 운동을 하고 있답니다.

천재 물리학자 아인슈타인

"어휴, 다른 집 아이들은 말을 잘하는데
아인슈타인은 아직도 말을 더듬거리니 어떡해요?"
엄마가 어린 아인슈타인을 걱정스러운 눈으로
바라봤어요.
아인슈타인은 또래 아이들보다 유달리
말이 늦었어요.
부모님은 그런 아인슈타인 때문에 걱정이 많았지요.

하지만 아인슈타인의 반짝이는 눈망울에는
호기심이 가득했어요.
새로운 것이라면 무엇이든 그냥 지나치지
않고 요리조리 살펴보았지요.
어느덧 아인슈타인은 학교에 들어갔어요.
호기심 많은 아인슈타인은 끊임없이
선생님에게 궁금한 것을 물었어요.
하지만 선생님은 수업을 방해하지 말라고
아인슈타인을 나무랐어요.

어느 날 선생님이 아인슈타인에게 벌컥
화를 내며 말했어요.
"왜 문제를 이렇게 풀었니? 선생님이 가르쳐 준
대로 순서에 맞춰 풀어야 하는 거잖아!"
"하지만 답을 맞춰 보시면 분명히 맞을 거예요."
아인슈타인이 말했어요.
과연 아인슈타인이 푼 수학 문제의 답은 하나도
틀리지 않았어요.

하지만 선생님은 계속 화를 낼 뿐이었어요.
"답은 맞았지만 문제를 푸는 과정이 없잖니!"
"그걸 굳이 연필로 써야 하나요?
제 머릿속에서 다 계산이 되는데요."
아인슈타인의 대답에 할 말을 잃은 선생님은
고개를 절레절레 흔들며 고함을 빽 질렀어요.
"이 골칫덩이 같으니! 복도로 나가서 벌서고 있어!"
아인슈타인은 입을 쑥 내밀고 복도로 나왔어요.
도대체 선생님이 왜 화를 내는지 몰랐지요.

아인슈타인이 궁금한 것을 질문해도
선생님은 다른 아이들처럼 얌전히 있으라고
혼내기만 했어요.
결국 아인슈타인은 학교를 그만두고 집에서
책을 읽으며 스스로 공부하기 시작했어요.
어느덧 시간이 흘러 아인슈타인은 스위스의
대학교에 들어갔어요.
스위스의 대학 분위기는 무척 자유로웠어요.
그래서 마음껏 자유롭게 상상하고,
친구들과 즐겁게 토론을 벌일 수도 있었지요.
아인슈타인은 언제나 남들이 생각하지 못하는
것을 이야기해서 사람들을 놀라게 했어요.

대학을 졸업한 후, 아인슈타인은 특허청에서
일을 하면서도 계속 물리학을 공부했어요.
그러던 어느 날, 아인슈타인은 세상을
깜짝 놀라게 한 이론을 발표했어요.
"세상 누구도 빛처럼 빨리 움직일 순 없습니다.
만약 어떤 사람이 빛처럼 빨리 움직인다면,
그 사람의 일 초는 다른 사람의 몇 시간이
될 것입니다."
이러한 '상대성 이론'은 아무도 생각하지
못했던 놀라운 이론이었어요.

이뿐만 아니라 아인슈타인은 과학적으로 중요한
여러 가지 이론을 발표하여 과학 발전에
도움을 주고, 노벨 물리학상을 받았어요.
그런데 사람들은 아인슈타인의 연구를 이용해서
원자 폭탄을 만들어 전쟁에 사용했어요.
슬픔에 빠진 아인슈타인은 전 세계 사람들을 향해
부탁했어요.
"과학은 평화를 위해서 쓰여야 합니다.
결코 사람들을 죽이는 데 쓰여서는 안 됩니다!"

끊임없이 새로운 것을 질문하고 답을 찾기 위해
노력했던 아인슈타인은 세상을 떠나기 전까지도
생각을 멈추지 않았어요.
그의 연구는 아무도 풀지 못한 우주의 비밀을
이해하는 데 큰 도움을 주었지요.
또한 평화를 외쳤던 아인슈타인의 정신은
오늘날에도 사람들의 마음속에 살아 있답니다.

최초의 흑인 대통령 넬슨 만델라

남아프리카 공화국의 작은 마을에서
'롤리랄라'라는 아이가 태어났어요.
롤리랄라 만델라의 아버지는 추장이었어요.
아버지는 아들에게 부족의 역사와
조상들의 이야기를 들려주곤 했지요.

학교에 다니게 된 롤리랄라는 '넬슨'이라는
영국식 이름으로 불리게 되었어요.
그때 남아프리카 공화국은 영국의 지배를
받던 시절이었어요.
흑인들은 뭐든지 백인들과 차별을 받았어요.
백인들과 같은 기차에 탈 수도 없었고,
신분증 없이는 마음대로 돌아다닐 수도
없었지요.

어른이 된 만델라는 변호사가 되었어요.
만델라는 인도의 간디라는 지도자가 평화로운
방법으로 영국에 맞서 싸운 이야기를 듣고
크게 감동을 받았어요.

"흑인과 백인을 차별하는 정책은 없어져야 해!"
만델라는 흑인들의 대표가 되어 백인들의 차별에
맞서 싸우기 시작했어요.
"백인들이 만든 상품을 사지 맙시다!"
만델라와 흑인들은 거리에서 시위도 벌였어요.
"우리에게 자유를 달라!"
많은 사람들이 손에 손을 잡고 거리를 행진했지요.
하지만 백인 경찰들은 평화롭게 시위하는
흑인들에게 마구 총을 쏘았어요.

466664

만델라는 죄 없는 흑인들이 총에 맞아 죽는
모습을 더 이상 가만히 보고 있을 수 없었어요.
"이대로는 안 됩니다. 우리 흑인들도 무기를 들고
맞서야 합니다!"
하지만 이 같은 무장 투쟁이 시작되자, 경찰은
눈에 불을 켜고 만델라를 잡으려고 했어요.
경찰을 피해 숨어 다니던 만델라는 마침내
체포되어 감옥으로 끌려갔어요.
만델라는 평생 동안 감옥살이를 하라는 판결을
받게 되었어요.
하지만 만델라의 소식은 전 세계 신문과 방송을
통해 알려졌어요.
전 세계인이 지켜보게 되자, 남아프리카 공화국
정부는 만델라를 함부로 죽일 수 없었어요.
어느덧 수십 년의 감옥 생활이 흘러갔어요.

그동안 전 세계의 수많은 사람들이 만델라의
석방을 위해 노력을 기울였지요.
만델라는 마침내 이십칠 년 만에 석방되었어요.
그리고 그는 처음으로 흑인들이 참여한 선거에서
남아프리카 공화국 대통령으로 당선되었어요.
세계 최초의 흑인 대통령이었지요.
만델라는 흑인과 백인의 차별 없이 모두 함께
잘사는 나라를 만들기 위해 노력했어요.
긴 감옥 생활에서도 늘 용기와 희망을
잃지 않았던 만델라는 마침내 그가 꿈꾸던
자유롭고 평화로운 세상을 만들었어요.
만델라는 아흔다섯의 나이로 조용히 세상을
떠났답니다.

컴퓨터 황제 빌 게이츠

"빌, 네가 컴퓨터를 무척 잘한다고 하니
컴퓨터로 다음 학기 반 편성을 해 줄 수 있겠니?"
어느 날 교장 선생님이 빌에게 부탁했어요.
빌은 틈나는 대로 공부해서 컴퓨터에 대해서라면
누구보다 자신이 있었지요.

그 당시 컴퓨터는 지금의 컴퓨터와 아주 달랐어요.
작동을 하려면 복잡한 명령어를 넣어야 했거든요.
학교에 처음 컴퓨터가 생긴 후, 빌은 컴퓨터에
푹 빠졌어요. 그리고 어느새 컴퓨터를 가장
잘 다루는 아이가 되었지요.
수업이 끝난 뒤, 빌은 반 편성을 하기 위해
컴퓨터 앞에 앉았어요.
그런데 빌의 입가에 장난기 가득한 웃음이
떠올랐어요.

며칠이 지났어요.
빌이 교실에 들어가면서 빙긋 웃었어요.
교실 안에는 여자아이들만 잔뜩 앉아 있었어요.
남자라고는 빌 뿐이었지요.
"우리 반에는 왜 여자들 밖에 없지?"
여자아이들은 고개를 갸우뚱했어요.
"없긴 왜 없어! 여기 남자가 있잖아!"
빌이 빙그레 웃으면서 말했어요.
"에이, 이상한데? 왜 남자가 너밖에 없는 거야?"
"글쎄? 똑똑한 컴퓨터가 시간표를 아주 잘 짰네, 뭐!"
빌은 활짝 미소를 지었어요.
장난꾸러기 빌이 자기가 듣는 수업에는
여자아이들만 들어오도록 시간표를 짰기 때문에
생긴 일이었어요.
덕분에 한 학기 동안 빌은 즐겁게 학교를
다녔답니다.

빌은 스무 살 때 친구인 폴 앨런과 함께
'마이크로소프트'라는 회사를 세웠어요.
마이크로소프트는 개인용 컴퓨터 운영 체제인
'엠에스 도스'를 개발하여 큰 성공을 거두었어요.

그 후 마이크로소프트는 새로운 운영 체제인
'윈도'를 개발했어요.
윈도는 누구나 컴퓨터를 쉽고 간편하게 사용할 수
있도록 해 주었지요.
윈도는 전 세계로 불티나게 팔려 나갔어요.
마이크로소프트는 아주 큰 회사가 되었어요.
그리고 빌은 세계 최고의 부자가 되었지요.

하지만 빌은 여전히 검소한 생활을 했어요.
그는 막대한 재산을 자신을 위해서 쓰지 않았어요.
힘없고 어려운 사람들을 돕는 일에
선뜻 많은 재산을 내놓았지요.
빌 게이츠는 이제 마이크로소프트의 회장 자리에서
물러나 아내와 함께 자선 단체를 만들어
활동하고 있어요.

'컴퓨터의 황제'로 불리는 빌 게이츠는
컴퓨터에 대한 흥미를 꾸준한 노력으로 발전시켜
큰 성공을 거둔 기업가예요.
하지만 빌 게이츠가 존경 받는 이유는 자신의
이익만을 생각하지 않고, 어려운 사람들에게
나눌 줄 아는 따뜻한 마음을 가졌기 때문이지요.
그래서 그는 많은 기업가들의 모범이 되고
있답니다.

위인들의 생애와 업적

파브르 프랑스 (1823~1915)

장 앙리 파브르는 프랑스의 작은 시골 마을에서 가난한 농부의 아들로 태어났어요. 어려서부터 남달리 곤충을 좋아했던 파브르는 온종일 곤충들을 관찰하며 놀았어요. 학교를 졸업한 후 선생님이 된 파브르는 곤충 연구를 하여 모두 10권의 〈곤충기〉를 썼어요. 〈곤충기〉에는 쇠똥구리와 매미, 전갈과 나나니벌, 개미와 파리에 이르기까지 파브르가 직접 관찰한 다양한 곤충 이야기가 실려 있지요. 파브르의 〈곤충기〉는 훌륭한 곤충 연구 자료일 뿐 아니라, 누구나 읽을 수 있는 재미있는 책이에요. '곤충의 아버지' 파브르는 프랑스 정부로부터 명예로운 훈장을 받기도 했답니다.

나이팅게일 영국 (1820~1910)

플로렌스 나이팅게일은 영국의 부유한 집안에서 태어났지만, 간호사가 되어 가난하고 병든 사람들을 돌보는 일에 평생을 바쳤어요. 나이팅게일은 전쟁이 일어나자 부상병들을 돕기 위해 스스로 전쟁터로 갔어요. 다친 병사들은 제대로 치료를 받을 수 없는 환경에 처해 있었지요. 나이팅게일은 우선 막사를 청소하고, 병사들의 옷과 이불을 세탁해서 깨끗한 환경을 만들었어요. 전쟁터에서 '등불을 든 천사'로 불렸던 나이팅게일은 전쟁이 끝난 후에도 의료 체제를 바로 세우기 위해 노력했고, 오늘날과 같은 간호학의 기틀을 마련했어요.

콜럼버스 이탈리아 (1451~1506)

크리스토퍼 콜럼버스는 이탈리아의 제노바에서 태어났어요. 제노바는 활발한 무역이 이루어지는 항구 도시였어요. 그래서 콜럼버스는 어릴 때부터 바다를 보면서 탐험의 꿈을 키웠지요. 그 당시 동양의 진귀한 물건과 향료는 매우 비싸고 인기가 높았어요. 콜럼버스는 동양에서 물건을 들여올 바닷길을 찾을 계획을 세웠지만, 사람들은 콜럼버스가 결코 성공할 수 없을 거라 생각했어요. 하지만 콜럼버스는 결코 포기하지 않고 오랜 항해 끝에 마침내 새로운 땅을 발견했어요. 그는 그 땅을 인도라고 믿었지만, 그곳은 아메리카 대륙이었지요. 하지만 콜럼버스의 신대륙 발견은 세계의 역사를 바꾸어 놓은 아주 중요한 사건이었답니다.

에디슨 미국 (1847~1931)

토마스 에디슨은 미국 오하이오 주에서 태어났어요. 에디슨은 학교 수업에 흥미가 없어 늘 성적이 꼴찌였어요. 열두 살에는 학교를 그만두고 집에서 어머니에게 가정 교육을 받기 시작했어요. 어릴 때부터 호기심이 많았던 에디슨은 자신의 집 지하에 실험실을 만들어 책에 나오는 실험을 스스로 다 해 보았어요. 또한 기차에서 신문팔이로 일하면서도 화물칸에 실험실을 옮겨와 실험에 열중했지요. 에디슨은 스물한 살 때 보스턴으로 가서 전신 기사로 일하기 시작했어요. 그리고 그 해 최초의 발명품인 전기 투표 기록기를 만들었지요. 그 후 에디슨은 전신기, 탄소 전화기, 축음기, 영사기 등 수많은 발명품을 만들어 냈는데, 가장 유명한 것이 탄소 필라멘트를 사용한 전구의 발명이랍니다.

간디 인도 (1869~1948)

모한다스 간디는 인도의 상인 집안에서 태어났어요. 간디는 영국에서 법학을 공부해 변호사가 된 뒤, 남아프리카에서 20년을 지내면서 백인에게 차별 받는 인도 사람들을 돕는 일을 했어요. 그 후 간디는 인도로 돌아와 독립운동을 이끌었어요. 간디는 결코 폭력에 폭력으로 맞서선 안 된다고 가르쳤지요. 마침내 인도는 영국 통치에서 벗어나 독립을 이루었지만, 종교 때문에 인도와 파키스탄으로 나뉘고 말았어요. 간디는 둘 사이의 갈등을 풀어 보려고 노력했지만 슬프게도 총에 맞아 암살당하고 말았어요. 인도 사람들은 간디를 위대한 영혼이란 뜻의 '마하트마'라고 불러요.

갈릴레이 이탈리아 (1564~1642)

갈릴레오 갈릴레이는 이탈리아의 피사라는 도시에서 태어났어요. 아버지는 아들이 의사가 되길 바랐지만, 갈릴레이는 의학에는 흥미가 없는 대신 수학을 좋아했어요. 그래서 갈릴레이는 교수가 되어 수학과 천문학을 연구하고 가르쳤어요. 또한 그는 온도계, 컴퍼스 등 여러 발명품을 만들었는데, 우주를 관찰할 수 있는 망원경도 그중 하나였어요. 당시 사람들은 지구가 우주의 중심이라 생각했어요. 모든 별이 지구를 중심으로 돈다고 생각했지요. 하지만 갈릴레이는 지구와 별들이 태양을 중심으로 돈다는 증거를 발견했어요. 결국 그는 이 때문에 종교 재판에서 벌을 받아야 했지만, 그의 연구는 근대 과학의 발전에 크게 이바지했어요.

가우디 스페인 (1852~1926)

안토니오 가우디는 대장장이의 아들이었어요. 어린 시절, 가우디는 아버지가 그릇과 솥을 만드는 걸 구경하는 게 좋았어요. 몸이 약해서 친구들처럼 뛰어노는 대신 가만히 앉아 자연을 관찰하며 시간을 보내기도 했지요. 그 덕분에 뛰어난 관찰력이 생겼고, 훗날 훌륭한 건축가가 되는 데 큰 힘이 되었어요. 가우디는 바르셀로나로 가서 건축 공부를 하고, 그곳에서 일생의 대부분을 보내며 훌륭한 건축물을 많이 남겼어요. 다른 건축가들이 네모반듯한 집을 지을 때, 가우디는 자연과 조화를 이루는 집을 지었어요. 그의 대표적인 건축물인 카사 밀라, 구엘 공원, 사그라다 파밀리아 성당 등은 그의 끝없는 상상력과 독창성을 보여 주고 있어요. 지금도 그가 남긴 건축물을 보기 위해 전 세계에서 수많은 사람들이 모여들고 있답니다.

슈바이처 프랑스 (1875~1965)

알베르트 슈바이처는 프랑스의 알자스 지방에서 목사의 아들로 태어났어요. 슈바이처는 의사이기도 하지만, 다른 분야에서도 재능이 많답니다. 뛰어난 파이프 오르간 연주자이자 신학자, 철학자이기도 했거든요. 슈바이처는 어릴 때부터 가난한 사람들에 대해 관심을 가졌고, 자신만 행복하게 살 순 없다고 생각했어요. 그는 아프리카의 흑인들이 의사가 없어 고통 받고 있다는 사실을 알고, 의학을 공부하여 의사가 되었어요. 아프리카로 간 슈바이처는 병원을 세우고, 온갖 어려움을 이겨 내며 의료 봉사를 했어요. 슈바이처는 평생 아프리카에서 아픈 사람을 돌본 공로로 노벨 평화상을 받았답니다.

뉴턴 영국 (1642~1727)

아이작 뉴턴은 영국의 가난한 농가에서 태어났어요. 뉴턴은 어릴 때부터 궁금한 게 있으면 밥 먹는 것도 잊어버릴 정도로 골똘히 집중해서 생각하는 버릇이 있었어요. 뉴턴은 대학교에 다니던 중 흑사병이 퍼지는 바람에 고향으로 돌아와서 시간을 보냈는데, 이때 뉴턴의 위대한 업적 대부분이 탄생했지요. 나무에서 떨어진 사과를 보고 물체가 땅으로 떨어지는 이유에 대해 생각하던 뉴턴은, 우주에 있는 모든 물체는 서로 끌어당기는 힘인 만유인력을 가지고 있다는 것을 발견했어요. 뉴턴은 이 밖에도 반사 망원경을 만들어 빛에 대한 연구를 발표하는 등, 과학 발전에 큰 영향을 끼쳤어요.

베토벤 독일 (1770~1827)

역사상 가장 위대한 음악가 중의 한 명으로 손꼽히는 루트비히 판 베토벤은 독일의 본에서 태어났어요. 베토벤은 가난한 음악가인 아버지 밑에서 혹독하게 피아노와 작곡 연습을 하며 어린 시절을 보냈어요. 어릴 때부터 음악에 천재적인 재능을 보였지만, 베토벤의 일생은 힘겨웠어요. 늘 가난에 시달리며 살아야 했고, 오스트리아의 빈에서 작곡가로 활동하던 중 귀가 들리지 않는 병까지 얻게 되었거든요. 음악가에게는 너무나 큰 고통이었지요. 하지만 베토벤은 시련을 이겨 내고 〈운명 교향곡〉, 〈영웅 교향곡〉, 〈전원 교향곡〉, 〈합창 교향곡〉 등 역사에 길이 빛나는 훌륭한 교향곡들을 작곡했답니다.

테레사 알바니아 (1910~1997)

테레사 수녀의 원래 이름은 아그네스 곤자 보야지우예요. 인도의 콜카타에서 아이들을 가르치던 테레사 수녀는 어느 날, 고통 받는 사람들을 도우라는 신의 목소리를 들었다고 해요. 그 후 테레사 수녀는 이들을 돌보기 위해 거리로 나섰어요. 그 당시 인도는 영국의 지배는 벗어났지만 매우 혼란스러운 상태여서 거리는 온통 굶어 죽어 가는 사람들로 넘쳐 났지요. 테레사 수녀는 버려진 아이들을 돌보고, 병든 사람들을 간호하고, 죽어 가는 사람들이 편안하게 쉴 수 있는 집을 지었어요. 테레사 수녀가 세운 '사랑의 선교 수녀회'는 지금도 세계의 가난한 이들을 돕기 위해 일하고 있답니다.

노벨 스웨덴 (1833~1896)

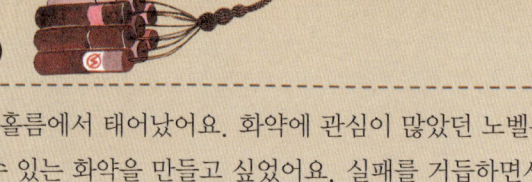

알프레드 노벨은 스웨덴의 스톡홀름에서 태어났어요. 화약에 관심이 많았던 노벨은 안전하면서도 큰 힘을 발휘할 수 있는 화약을 만들고 싶었어요. 실패를 거듭하면서도 포기하지 않고 연구에 몰두한 끝에 노벨은 마침내 엄청난 힘을 발휘하는 화약인 다이너마이트를 발명했어요. 다이너마이트는 광산이나 굴을 뚫는 공사장에서 큰 힘을 발휘했어요. 노벨은 다이너마이트 덕분에 많은 돈을 벌었지만 다이너마이트가 전쟁에서 사람을 죽이는 무기로 쓰이자 마음이 괴로웠어요. 고민 끝에 노벨은 자신이 번 돈을 세계 평화를 위해 쓰기로 결심하고 노벨상을 만들었어요. 세계 평화를 위해 노력한 사람과 문명의 발달에 이바지한 사람에게 주는 상이지요. 이 상이 바로 노벨상이에요.

라이트 형제 미국 (윌버 라이트: 1867~1912, 오빌 라이트: 1871~1948)

윌버와 오빌 라이트 형제는 어릴 때부터 기계를 다루는 솜씨가 뛰어났어요. 마차 수리공의 딸이었던 어머니의 손재주를 물려받았거든요. 자전거 가게로 큰 성공을 거둔 형제는 비행기를 만드는 일에 뛰어들었어요. 라이트 형제는 수많은 실패에도 포기하지 않고 노력한 끝에, 단순한 글라이더가 아니라 동력을 이용해 하늘을 나는 비행기인 '플라이어호'를 만들어 비행에 성공했어요. 비록 첫 비행은 12초 동안 겨우 36미터를 날았을 뿐이었지만, 세계 최초로 동력 비행기를 탄 역사적인 사건이었지요. 라이트 형제는 라이트 비행기 회사를 세워 더 오래, 더 빨리, 더 멀리 날 수 있는 비행기를 연구하는데 평생을 보내다 세상을 떠났답니다.

링컨 미국 (1809~1865)

에이브러햄 링컨은 미국 켄터키 주에서 태어났어요. 가난한 형편 때문에 학교를 거의 다니지 못했던 링컨은 혼자서 공부를 했어요. 낮에는 뱃사공, 가게 점원, 우체국장, 측량 기사 등으로 힘들게 일하면서도 밤마다 책을 읽고 스스로 공부하여 변호사가 되었고, 정치가가 되었지요. 링컨은 미국 하원 의원을 거쳐 마침내 대통령에 당선되었어요. 그때 미국은 노예 제도의 폐지를 놓고 북부와 남부로 갈라져 싸웠어요. 젊은 시절부터 노예 제도를 없애겠다고 다짐했던 링컨은 노예 해방을 선언하고, 남북 전쟁을 승리로 이끌어 분열된 나라를 통합했어요. 비록 안타깝게도 암살자의 총에 맞아 죽고 말았지만, 링컨은 아직도 미국 역사상 가장 훌륭한 대통령 중 한 명으로 꼽히고 있어요.

마리 퀴리 프랑스 (1867~1934)

폴란드에서 태어난 마리 퀴리는 어릴 때부터 과학자가 꿈이었어요. 총명한 마리는 고등학교를 일등으로 졸업했지만, 당시 폴란드에서는 여자가 대학을 갈 수가 없었기 때문에 프랑스의 소르본 대학에 들어갔어요. 그리고 물리학자인 피에르 퀴리와 만나 결혼을 했지요. 퀴리 부부는 함께 방사능에 관한 연구를 해서 새로운 원소인 폴로늄과 라듐을 발견했어요. 마리는 피에르와 함께 노벨상을 받았고, 피에르가 죽고 난 뒤 또 한 번 노벨상을 받았어요. 마리 퀴리의 방사능 연구는 수많은 생명을 구했지만, 결국 마리 자신은 방사능 중독으로 죽고 말았어요.

레오나르도 다빈치 이탈리아 (1452~1519)

레오나르도 다빈치는 이탈리아의 한 시골 마을에서 태어났어요. 그는 어려서부터 온 동네의 벽이며 바닥에 그림을 그리며 놀았어요. 레오나르도의 재능을 알아본 아버지는 그를 유명한 화가인 베로키오에게 미술 수업을 받게 했어요. 레오나르도는 〈암굴의 성모〉, 〈최후의 만찬〉, 〈모나리자〉 등 걸작으로 꼽히는 훌륭한 그림을 많이 남긴 화가로 잘 알려져 있어요. 하지만 그는 위대한 화가일 뿐만 아니라 동시에 건축가, 수학자, 음악가, 발명가, 철학가이기도 했어요. 그만큼 다양한 방면에서 뛰어난 재능을 갖고 활약한 천재였거든요. 레오나르도는 비행기, 잠수함 등 다양한 발명품을 스케치로 남기기도 했고, 사람의 몸을 세밀하게 해부하여 의학 발전에도 크게 기여했답니다.

페스탈로치 스위스 (1746~1827)

요한 하인리히 페스탈로치는 스위스의 취리히에서 태어났어요. 어떻게 하면 가난한 사람들을 도울 수 있을지 항상 고민하던 그는 아이들을 가르치는 교육에 몸을 바치기로 결심했어요. 페스탈로치는 고아원과 학교를 세워 가난한 아이들, 전쟁으로 부모를 잃은 아이들을 가르치고 돌보았어요. 페스탈로치는 어린이도 어른과 똑같이 존중 받아야 한다고 강조했고, 무조건 외우게 해서 가르치는 게 아니라 아이들이 자연에서 직접 체험하며 지식을 깨우치도록 했어요. 페스탈로치의 이러한 교육법은 이후 많은 교육자들에게도 영향을 끼쳤어요.

헬렌 켈러 　미국 (1880~1968)

헬렌 켈러는 미국 앨라배마 주에서 태어났어요. 헬렌은 아기 때 병을 앓고 난 후 보지도 듣지도 말하지도 못하게 되었지요. 하지만 헬렌은 설리번 선생님을 통해 읽고 쓰고 말하는 법을 배웠고, 열심히 공부해서 대학을 졸업했어요. 헬렌은 자신처럼 몸이 불편한 사람들을 돕기 위해 강연을 돌며 기금 마련을 했고, 여성이 남성과 동등한 권리를 찾을 수 있도록 여성 투표권 운동에도 나섰어요. 여성이면서 몸도 불편한 헬렌이 자신의 의견을 당당히 밝히자 사람들은 깜짝 놀랐지요. 장애를 극복해 내었을 뿐 아니라 남을 돕는 일, 사회를 올바르게 바꾸기 위한 일에 앞장선 헬렌은 많은 사람들에게 희망과 감동을 주었답니다.

마틴 루서 킹 　미국 (1929~1968)

마틴 루서 킹은 미국 조지아 주에서 목사의 아들로 태어났어요. 마틴은 아버지처럼 목사가 되었지만, 로자 파크스 사건이 일어나자 버스 타지 않기 운동을 벌이며 흑인들의 평등을 위해 싸우기 시작했어요. 그는 어떤 상황에서도 폭력에 폭력으로 맞서지 않고 평화적인 방법으로 맞서야 한다고 주장했어요. 킹 목사는 워싱턴에서 유명한 연설을 남기기도 했어요. "나에게는 꿈이 있습니다. 그것은 제 아이들이 피부색이 아니라 인격에 따라 평가 받는 그런 나라에 살게 되는 날이 오리라는 꿈입니다." 그의 연설은 사람들에게 큰 감동을 주었고, 마침내 인종 차별 법이 없어지는 데 큰 역할을 했어요. 킹 목사는 노벨 평화상을 받았지만, 안타깝게도 암살자가 쏜 총에 맞아 숨을 거두었어요.

제인 구달 　영국 (1934~)

제인 구달은 영국의 런던에서 태어났어요. 제인은 어려서부터 동물을 무척 좋아했어요. 닭이 알 낳는 장면을 보기 위해 다섯 시간이나 닭장 안에서 기다리다 가족들이 경찰에 실종 신고를 하는 소동이 있었을 정도예요. 제인은 동물들과 함께 살겠다는 꿈을 이루기 위해 아프리카로 가서 침팬지 연구를 시작했어요. 매일같이 침팬지들을 찾아다니며 관찰하던 제인은 침팬지들과 친구가 되었어요. 그리고 침팬지가 인간과 비슷한 행동을 하고 도구를 사용한다는 것 등, 그동안 알려지지 않았던 많은 비밀을 밝혀냈지요. 제인은 사람들이 나무를 마구 베고, 동물들의 터전을 파괴하는 것을 몹시 안타까워했어요. 그래서 지금은 세계 각지를 돌며 동물 보호 운동을 펼치고 있답니다.

아인슈타인 　미국 (1879~1955)

알베르트 아인슈타인은 독일에서 태어난 유대 인이에요. 아인슈타인 하면 사람들은 천재라는 말을 가장 먼저 떠올리지만, 어린 시절 아인슈타인의 학교 성적은 형편없었어요. 달달 외우도록 시키는 딱딱한 학교 수업에 전혀 흥미를 느낄 수가 없었거든요. 스위스로 건너간 아인슈타인은 특허청 직원으로 일했어요. 과학에 남다른 관심이 있었던 아인슈타인은 일을 하면서도 꾸준히 물리학 이론을 연구해서 마침내 훌륭한 물리학자가 되었답니다. 하지만 그가 밝혀낸 이론에서 원자 폭탄이 발명되자, 책임감을 느낀 아인슈타인은 평화를 호소하는 운동을 벌이기도 했어요. 그가 밝혀낸 상대성 이론은 과학 분야는 물론, 사람들의 일상생활과 생각에도 큰 영향을 끼쳤답니다.

넬슨 만델라 　남아프리카 공화국 (1918~2013)

남아프리카에서 태어난 넬슨 만델라는 흑인이라는 이유로 심한 사회적 차별을 받으며 자랐어요. 당시 남아프리카 공화국에서 흑인들은 지정된 곳에서만 살 수 있었고, 백인이 가는 식당에도 갈 수 없는 등, 심한 인종 차별 정책이 실시되고 있었어요. 만델라는 변호사가 된 뒤 흑인에 대한 차별에 맞서 싸우기 시작했어요. 결국 경찰에 체포된 만델라는 27년이라는 기나긴 세월 동안 감옥 생활을 했지요. 하지만 그를 돕는 많은 사람들의 노력 덕분에 마침내 풀려났고, 노벨 평화상을 받았어요. 남아프리카 공화국에서 역사상 최초의 흑인 대통령에 당선된 만델라는 흑인과 백인의 차별 없이 평등하고 자유로운 나라를 만드는 데 큰 기여를 했어요.

빌 게이츠 　미국 (1955~)

컴퓨터의 황제로 불리는 빌 게이츠는 어린 시절에는 소문난 책벌레였어요. 10살이 되기 전에 백과사전을 모두 읽고 줄줄 외울 정도였지요. 빌은 레이크사이드 학교를 다니던 중에 컴퓨터에 푹 빠져들었어요. 열심히 컴퓨터를 공부한 빌은 친구인 폴 앨런과 함께 프로그램을 개발하기도 했어요. 빌은 하버드 대학교에 들어갔지만, 대학을 중간에 그만두고 폴과 함께 마이크로소프트사를 세웠어요. 그리고 개인용 컴퓨터에 사용하는 운영 체제 프로그램인 '도스'와 '윈도'를 개발해 큰 성공을 거두었어요. 빌은 33년 동안 마이크로소프트사를 경영했지만, 자선 활동에 전념하기 위해 물러났어요. 그는 자신이 번 돈을 어려운 사람들을 돕는 데 써서 사회에 되돌려 주고자 노력하고 있답니다.

엮음 | 이미애

대구에서 태어났으며, 중앙대학교에서 문예창작을 공부했습니다.
1987년 조선일보 신춘문예에 동시 〈굴렁쇠〉가 당선되어 작가로 첫발을 내디뎠으며,
'눈높이아동문학상', '삼성문학상' 등을 받았습니다.
지은 책으로 〈반쪽이〉, 〈모두 모여 냠냠냠〉, 〈이렇게 자볼까 저렇게 자볼까〉,
〈가을을 만났어요〉, 〈행복한 강아지 뭉치〉, 〈똥보면 어때, 난 나야〉,
〈멋진 내 남자 친구〉, 〈자신만만 세계의 신화〉 등이 있습니다.

한 권으로 읽는 역사 인물 이야기 23편 세계를 바꾼 위인

엮은이 이미애 | **표지 그림** 곽진영
본문 그림 강은경, 곽진영, 김혜란, 심수근, 양예람, 이소영, 장민정, 조수진
펴낸날 2014년 2월 15일 초판 1쇄, 2024년 11월 25일 초판 12쇄
펴낸이 신광수 | **CS본부장** 강윤구 | **출판개발실장** 위귀영 | **디자인실장** 손현지
아동IP파트 박재영, 박인의, 김규리 | **출판디자인팀** 최진아 | **저작권 업무** 김마이 이아람
출판사업팀 이용복, 민현기, 우광일, 김선영, 신지애, 허성배, 이강원, 정유, 정슬기, 정재욱, 박세화, 김종민, 정영묵, 전지현
CS지원팀 봉대중, 이주연, 이형배, 이우성, 전효정, 장현우, 정보길
펴낸곳 (주)미래엔 | **등록** 1950년 11월 1일 제 16-67호 | **주소** 서울특별시 서초구 신반포로 321
전화 미래엔 고객센터 1800-8890 **팩스** 541-8249 | **홈페이지** www.mirae-n.com

© (주)미래엔 2014
ISBN 978-89-378-4674-8 73990

*파본은 구입처에서 교환해 드리며, 관련 법령에 따라 환불해 드립니다. 다만, 제품 훼손 시 환불이 불가능합니다.

KC 마크는 이 제품이 공통안전기준에 적합하였음을 의미합니다.
사용 연령: 8세 이상

한 권으로 읽는 시리즈

안데르센
벌거벗은 임금님, 성냥팔이 소녀 등 세계 어린이들에게 오랜 시간 사랑받아 온 안데르센의 대표 동화 27편을 만나 보세요!

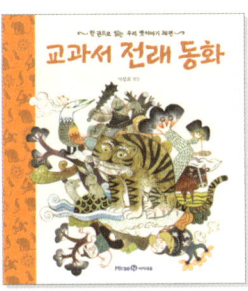
교과서 전래 동화
도깨비 방망이, 호랑이와 곶감 등 초등학교 교과서에 실려 있는 대표 전래 동화 36편을 한 권의 책으로 만나 보세요!

이솝 이야기
양치기 소년과 늑대, 여우와 두루미 등 오랜 세월 세계 어린이들에게 사랑받아 온 이솝 이야기 50편을 한 권에 담았어요!

탈무드 이야기
오랜 역사 속에 전해 내려온 유대인의 지혜와 재치가 담긴 탈무드 이야기 50편을 한 권에 담았어요!

삼국유사
우리 민족의 역사와 문화가 가득 담긴 훌륭한 역사서 삼국유사 이야기 34편을 한 권에 담았어요!

성경 이야기
시간과 공간을 초월하는 지혜와 소중한 가치가 가득한 성경 이야기 44편을 한 권에 담았어요!

한국을 빛낸 위인
우리나라를 빛낸 위인들의 일생과 업적을 담은 역사 인물 이야기 23편을 한 권에 담았어요!

세계를 바꾼 위인
세계 역사를 바꾼 위인들의 일생과 업적을 담은 역사 인물 이야기 23편을 한 권에 담았어요!

그리스 로마 신화
세계의 문화와 역사를 이해하는 밑바탕이 되는 그리스 로마 신화 32편을 한 권에 담았어요!

세계 명작
오랜 시간 세계 어린이들에게 사랑을 받아 온 세계의 명작 동화 21편을 한 권에 담았어요!

세계 전래 동화
세계 여러 나라에서 전해 내려오는 전래 동화 30편을 한 권에 담았어요!

아라비안나이트
아랍 지역에서 전해 내려오는 신비로운 이야기 21편을 한 권에 담았어요!

셰익스피어
낭만적인 아름다움이 넘치는 셰익스피어의 작품 12편을 한 권에 담았어요!

모험 이야기
새로운 도전과 진정한 용기를 불러일으키는 모험담 12편을 한 권에 담았어요!

북유럽 신화
〈반지의 제왕〉, 〈어벤져스〉 등 세계적인 콘텐츠의 뿌리가 된 북유럽 신화 24편을 한 권에 담았어요!